어떤 탕수육

어떤 탕수육

북디자이너의 마감식

김마리
지음

NUANCE

차 례

【 0 】 프롤로그 위로의 음식 006

1부 오늘의 탕수육

【 1 】 **안도의 맛** ◎ 이품 040

【 2 】 **추억의 맛** ◎ 하림각 045

【 3 】 **숨은 고수의 맛** ◎ 진미 050

【 4 】 **선물 같은 맛** ◎ 팔선 054

【 5 】 **묵묵한 손맛** ◎ 라이라이 060

【 6 】 **함께하는 맛** ◎ 주 064

【 7 】 **은근한 맛** ◎ 덕순루 069

【 8 】 **행복의 맛** ◎ 홍연 073

【 9 】 **정중한 맛** ◎ 친니 078

【 10 】 **기억하는 맛** ◎ 현래장 083

【 11 】 **조화로운 맛** ◎ 백리향 088

【 12 】 **특별한 비법의 맛** ◎ 동보성 093

【 13 】 **낯설지만 자꾸 손이 가는 맛** ◎ 태향 098

【 14 】 **시간이 깃든 맛** ◎ 영화장 103

【 15 】 **함께 나누고 싶은 맛** ◎ 이화원 108

2부 오늘의 마감식

【 16 】 **마감 후 성찬** ◎ 유가 114

【 17 】 **소박함의 매력** ◎ 만만 119

【 18 】 **변화 속에서도 지키고 싶은 것** ◎ 안동장 124

【 19 】 **명쾌한 해답** ◎ 서궁 130

【 20 】 **뜻밖의 즐거움** ◎ 태화장 135

【 21 】 **일의 시작과 마무리** ◎ 태화루 141

【 22 】 **엉킨 일은 뒤로하고** ◎ 홍복 146

【 23 】 **출장지에서 맛 탐방은 덤** ◎ 태백관 151

【 24 】 **레트로에 안전 한 스푼** ◎ 동화반점 158

【 25 】 **자축의 한끼** ◎ 탕수육 163

【 26 】 **팀워크** ◎ 안동반점 167

【 27 】 **가게를 이어가는 마음** ◎ 옛날 중국집 173

【 28 】 **완벽한 하루의 마무리** ◎ 대가방 179

【 29 】 **단단해지기** ◎ 중국 185

【 30 】 **삶은 다채로운 것** ◎ 명화원 191

【 0 】
위로의 음식

프롤로그

　그런 어른이 되고 싶었다. 일행 모두 자장면을 시킬 때 탕수육을 쏘겠다고 웃으며 제일 큰 탕수육에 검지를 가져다놓고, 힘든 일과를 마친 뒤 혼자 들어간 중국집에서 맥주와 탕수육을 시켜놓고 하루의 시름을 지워버리는 그런 어른.

　인생은 대부분 고달프지만 이상하게도 기억은 항상 좋았던 것, 위로받았던 것만 남는다. 따끈하고 푸근한 탕수육을 꼭꼭 씹어 삼킨 추억을 많이 쌓아 올렸더니 슬픈 기억은 대부분 행복한 추억에게 자리를 내주었다.

마감이 있는 삶은 항상 시간에 쫓긴다. 게다가 북디자이너라는 직업은 일의 특성상 시간을 주체적으로 관리하기가 어렵다. 초기에 세워놓은 출간 일정이 있지만 원고가 진행될수록 작가의 사정, 역자의 사정, 출판사의 사정, 심지어는 나라의 사정에 따라 출간 일정이 시시각각 변하기 때문이다. 그래서 자주 마감을 했지만 홀가분한 기분을 느끼지 못했다. 하나의 마감을 하면 나를 기다리고 있는 다음 책을 생각했다. 마감한 뒤 얼마 지나지 않아 찾아오는 또다른 마감은 종종 마음을 옥죄는 것처럼 느껴졌다. 그래서 마감에 즐거운 기억을 덧입히자고 다짐했다. 마감이라는 마침표를 찍을 때마다 중국집에 들러 탕수육을 먹었다. 일부러 시간과 마음을 써서 행복한 식사를 했다. '마감식食'이 특별한 의식으로 자리잡은 후부터 마감은 행복한 일이 됐다.

사람들은 저마다 각자의 마감을 한다. 준비했던 프로젝트를 끝내고, 목표했던 시험을 치르고, 아니면 오래된 인연과 이별을 하고…… 그럴 때마다 자신을 위로해줄 위로의 마감식이 있다면 좋겠다. 내가 위안으로 삼는 것이 언제나 찾을 수 있는 평범한 음식이라는 건 살아가는 데 큰 힘이 된다.

『어떤 탕수육』 속 서른 곳의 중국집은 거주지를 중심으로 자주 발길이 닿는 곳과 일부러 찾아간 낯선 곳을 균형 있게 소개하고자 선별했다. 다양한 가격대, 소스를 제공하는 방식을 적절하게 섞어 방문했다(탕수육은 먹는 방식을 두고 논쟁이 있을 정도로 취향이 갈리기 때문이다). 탕수 소스는 식당에서 제공되는 방식을 기준으로 '부먹' '찍먹' '볶먹'으로 나눠 표기했다.

평소 일하는 사람과 일하는 장소에 대한 호기심이 많아 현장감을 담기 위해 노력했다. 맛있는 음식을 만들기 위해 뜨거운 불 앞에서 힘써주신 서른 곳의 중국집 요리사님들과 마주쳤던 직원분들, 『어떤 탕수육』 출간을 위해 애써주신 분들, 그리고 독자 여러분께 감사의 마음을 전하고 싶다.

2025년 9월
김마리

【 1 】 ◎ 이품

서울시 서대문구 연희로11길 20 | (소)20,000원 | 부먹

【 2 】　　　　　　　　　　　　　　　　　◎ 하림각

서울시 종로구 자하문로 255　|　(소)39,000원　|　찍먹

【 3 】 ◎ 진미

서울시 서대문구 연희맛로 36, 1층 | (소)20,000원 | 찍먹

【 4 】　　　　　　　　　　　　　　　　◎ 팔선

서울시 중구 동호로 249 | (소)64,000원 | 찍먹

【 5 】 ◎ 라이라이

서울시 서대문구 연희로15길 27 | 27,000원 | 찍먹

【 6 】 ◎ 주

서울시 서초구 동광로19길 16 | 30,000원 | 볶먹

【 7 】　　　　　　　　　　　　　　　　　　　　◎ 덕순루

서울시 용산구 한강대로80길 11　|　(소)17,000원　|　찍먹

【 8 】　　　　　　　　　　　　　　　　◎ 홍연

서울시 중구 소공로 106 LL층　|　(소)105,000원　|　찍먹

【 9 】 ◎ 친니

서울시 종로구 세종대로 175 지하 1층 | (소)30,000원 | 볶먹

【 10 】　　　　　　　　　　　　　　　　◎ 현래장

서울시 마포구 마포대로 20 지하1층　|　(소)17,000원　|　찍먹

【 11 】 ◎ 백리향

서울시 마포구 양화로 45 B1108호 | (소)20,000원 | 부먹

【 12 】　　　　　　　　　　　　　　　◎ 동보성

서울시 서초구 남부순환로325길 17　|　23,000원　|　찍먹

【 13 】 ◎ 태향

서울시 용산구 후암로57길 3-10 | (소)15,000원 | 뽁먹

【 14 】　　　　　　　　　　　　　　　　◎ 영화장

서울시 동대문구 휘경로 3-8　|　23,000원　|　부먹

【 15 】   ◎ 이화원

서울시 서대문구 연희맛로 13 | (중)23,000원 | 부먹

【 16 】 ◎ 유가

서울시 중구 퇴계로12길 68 | (소)18,000원 | 부먹

【 17 】　　　　　　　　　　　　　　　◎ 만만

서울시 중구 퇴계로8길 20　|　(소)22,000원　|　부먹

【 17 】　　　　　　　　　　　　　　◎ 안동장

서울시 중구 을지로 124　|　(소)18,000원　|　부먹

【 19 】　　　　　　　　　　　　　　　　　◎ 서궁

서울시 영등포구 국제금융로 86 지하 1층　|　27,000원　|　부먹

【 20 】 ◎ 태화장

대전시 동구 중앙로203번길 78 | (소)22,000원 | 찍먹

【 21 】 ◎ 태화루

서울시 중구 퇴계로50길 37　|　(소)17,000원　|　부먹

【 22 】　　　　　　　　　　　　　　　◎ 홍복

서울시 중구 남대문시장길 73-3 | (소)24,000원 | 찍먹

【 23 】　　　　　　　　　　　　　　　◎ 태백관

부산시 동래구 충렬대로285번길 31 | (커플)17,000원 | 찍먹

【 24 】　　　　　　　　　　　　　　　◎ 동화반점

부산시 중구 흑교로75번길 3 | (소)15,000원 | 부먹

【 25 】 ◎ 탕수육

경기도 파주시 지목로 138 | (중)20,000원 | 부먹

【 26 】　　　　　　　　　　　　　◎ 안동반점

서울시 성북구 고려대로1길 35-1 | (소)15,000원 | 부먹

【 27 】　　　　　　　　　　　　　　　◎ 옛날 중국집

서울시 성북구 성북로8길 8　|　22,000원　|　찍먹

【 28 】　　　　　　　　　　　　　◎ 대가방

서울시 강남구 봉은사로 333　|　33,000원　|　볶먹

【 29 】　　　　　　　　　　　　　　　　　　◎ 중국

서울시 종로구 자하문로33길 2　|　20,000원　|　붉먹

【 30 】 ◎ 명화원

서울시 용산구 한강대로 202 | (중)22,000원 | 부먹

1부

오늘의 탕수육

【 1 】
안도의 맛

서울시 서대문구 연희로 ◎ 이품

 누구나 마음속에 하나쯤 품고 사는 음식이 있다. 우울할 때 떠오르고, 기쁜 날에도 자연스레 찾게 되는, 그런 '최애' 음식 말이다. 내게 탕수육이 그렇다. 자다 깨서 처음 떠올린 음식도, 치과 치료를 받고 피가 멈추길 기다리다 처음 베어 문 음식도, 재난지원금을 받자마자 가장 먼저 찾은 음식도, 오래 만난 연인과 이별한 날에도 내 머릿속에 가장 먼저 떠오른 건 언제나 탕수육이었다.

"탕수육 좋아해요." 이 수줍은 고백 뒤에는 꼭 되돌아오는 질문이 있다. "부먹이에요, 찍먹이에요?" 이처럼 탕수육은 먹는 방식에 대해 논쟁을 벌일 만큼 많은 사람에게 사랑받는 음식이다. 그때마다 나는 늘 머뭇거린다. 마치 "엄마가 좋아, 아빠가 좋아?"라는 질문을 받은 아이처럼 답을 고르기 쉽지 않다. '신성한 탕수육 앞에서 그런 고민을 하다니요. 그 시간에 입에 하나라도 더 넣어야죠'라고 말할 수는 없어서 "부먹도 찍먹도 상관없어요"라고 말하며 멋쩍게 웃고 만다.

어쩌다 보니 역세권은 한 번도 살아보지 못했는데, 신기하게도 '탕세권'은 단 한 번도 놓친 적이 없다. 지하철역은 멀어도 탕수육은 늘 가까이 있었다. 이상하게 위안이 되는 인생의 불균형이다. 특히 본적지면서 지금까지 살고 있는 연희동은 중국집이 유난히 밀집한 지역이다. 과거 한성화교 중·고등학교가 연희동에 처음 자리를 잡으며 그 주변으로 중국집이 많이 생겼다. 연희동은 중국집뿐만 아니라 다양한 종류의 식당이 많은데 지하철역이 없어 접근성이 떨어지기 때문에 웬만큼 맛있는 집이 아니면 살아남기 어려운 동네다. 그래서 연희동의 명물 '사러가 쇼핑센터'를 중심으로 맛집이 많기로 소문난 메인거리의 이름은 '연희맛로'다. 오래도록 이 동네를 지켜봐온 사람으로서 어느 집의 탕수육이 바삭하고, 어느 집의 소스가 달콤쌉쌀한지는 이제 눈 감고도 말할 수 있다.

  탕수육이 먹고 싶은 날이면 식당을 먼저 떠올린다. 그날 기분에 맞는 집을 고르는, 이런 호사도 나름의 즐거움이다. 연희동의 수많은 중국집 중 가장 편하게 가는 곳은 '이품'이다. 이품은 연희동을 설명할 때 중심이 되는 사러가 쇼핑센터를 가운데 두고 오른쪽 골목에 위치해 있는데 1층이면서 노포 느낌을 물씬 풍기는 큰 글씨의 한자 간판, 문을 열고 들어서면 일자로 길게 뻗은 내부에 옹기종기 앉을 수 있는 테이블이 정겹다. 오래 봐온 사장님의 적당한 무관심과 적당한 기척이 참 좋다. 이품은 자장면과 군만두가 유명하다. 이 집의 시그니처인 군만두는 손으로 하나하나 정성스레 빚어 노릇노릇하게 구워낸다. 겉은 바삭하고 속은 촉촉하다. 씹을 때마다 '지구에서 가장 완벽한 군만두가 아닐까?' 싶은 생각이 든다.

입소문이 퍼지면서 이 조용한 가게에도 대기줄이 생겼다. 다행히 브레이크 타임이 없어서 시간만 잘 맞추면 오래 기다리지 않아도 된다. 사람들로 북적이는 주말만 살짝 비껴가면, 조용히 착석할 수 있다. 이품은 배달도 한다. 물론 조건은 까다롭다. 주문지가 연희동에서도 사러가 쇼핑센터 주변만 가능하다. 서대문구청쪽으로 벗어나면 배달의 수혜는 받지 못한다.

이품의 탕수육은 자주 먹지는 않지만, 한번 먹으면 오래도록 기억에 남는다. 손에 닿기 쉬우면서 마음까지 닿는 맛은 드물다. 오래 맛봐왔지만, 자주 만날 수는 없는 탕수육이다. 동네 중국집이라는 정체성 아래 있으면서 아무 데서나 흉내 낼 수 없는 품격이 있다. 소스는 조리 과정에서 미리 부은 채 나오지만, 튀김옷은 쉽게 눅눅해지지 않는다. 얇지도 두껍지도 않은 그 적당함 속에 바삭함과 촉촉함이 기막히게 공존한다. 한 입 베어 물면, 겉은 가볍게 바스라지고 속은 도톰한 돼지고기가 고소한 육즙으로 반겨온다. 소스는 균형이 좋다. 지나치게 시지도, 달지도 않다. 목이버섯, 양파, 당근, 오이 같은 너무 평범해서 무심히 지나칠 재료들이 은근한 조화를 만들어낸다.

이품은 아는 맛이 간절할 때 찾는 집이다. 모험하고 싶지 않을 때, 잘 알던 맛이 그리울 때, 그 익숙함이 지금의 나를 지켜줄 것 같을 때. 그렇게 나는 이따금, 아무 일도 없던 얼굴을 하고 이품에 앉아 탕수육을 먹는다. 입천장이 다치지 않을 만큼의 적당한 온도로 나를 다독여주는 그 익숙한 바삭함 속에서, 조용한 안도의 숨을 쉰다.

【 2 】
추억의 맛

서울시 종로구 자하문로 ◎ 하림각

 나와 친분이 없는 사람들은 나를 보고 음식에 별로 관심이 없을 거라고 생각한다. 하지만 조금 더 가까워지면 내가 얼마나 '먹는 일'에 진심인지 금방 눈치챈다. 이번 끼니를 먹으면서 다음 끼니를 생각하고, 소문난 맛집을 소문나기 전부터 찾아다니며, 궁금한 맛집은 몇 시간이고 줄을 서서 먹는다. 그뿐인가. 밥은 쌀이 제일 중요하다며 맛있기로 소문난 쌀을 찾아 헤매고, 계절이 바뀔 때는 산지에서 올라온 제철 재료로 음식을 꼬박꼬박 만들어 먹으며, 여행을 갈 때도 갈아입을 옷보다 후추와 올리브오일을 먼저 챙기는 사람이다. 이런 나의 생애 첫 탕수육에 대한 기억은 종로구 부암동에 위치한 '하림각'에 있다.

하림각은 1987년에 문을 연 9200평 규모의 가든형 중식당이다. 당시에는 굉장한 규모의 중식당으로 유명했다. 한때는 서울에서 손꼽히는 고급 식당이었고, 화려한 전성기부터 팬데믹의 침체기까지, 몇 번이나 문을 닫고 다시 열며 지금도 명맥을 이어가고 있다. 지금의 하림각은 JW컨벤션센터로 더 유명하다. 그전에는 찜질방을 운영했으며, 더 전에는 빨간 카펫이 깔려 있고 화려한 샹들리에가 천장에서 반짝거리며 쓰리피스 유니폼을 차려입은 직원들이 바쁘게 자장면과 탕수육을 서빙했다. 건물 뒤편에는 아름답게 꾸며놓은 화단과 암석으로 이뤄진 벽이 있어 그곳에서 폭포가 쏟아졌고, 연못에서는 잉어들이 물장구를 쳤다. 그 시절을 모두 기억하는 나는 미취학 아동기에 가족들과 함께 그곳에서 처음으로 탕수육을 먹었다.

고급 식당에서 외식을 할 때면 엄마는 내게 레이스가 달린 원피스와 흰색 타이츠를 신겼고, 그 타이츠가 불편했던 나는 항상 징징거리다 벗어던지고 밥은 먹는 둥 마는 둥 하다가 사촌들과 함께 식당 앞마당 이곳저곳을 누비고 다녔다. 그런 내가 식탁에 잠자코 앉아서 코를 박고 먹은 음식이 바로 탕수육이다. 튀기면 신발도 맛있다는 우스갯소리가 있듯 튀기면 모든 재료가 맛있어지는데 돼지고기를 튀겨 바삭바삭하게 만든 뒤 새콤달콤한 소스를 끼얹었으니 화려한 인테리어가 신기한 다섯 살 언저리의 천방지축 꼬마도 고도의 집중력을 발휘해 자기 팔만큼 긴 빨간 젓가락을 휘두르며 먹지 않을 수 없었다. 아이의 입에도 호기심이 아닌 식탐을 부추기는 맛. 그 맛은 지금도 기억의 끄트머리 어딘가에서 반짝인다. 생애 첫 탕수육을 다시 먹으러 간다면 그 맛은 예전과 같을까? 많은 기대를 품고 엄마와 함께 종로구 부암동으로 향했다.

아직도 웅장한 규모, 넉넉한 주차 공간이 과거의 아성을 가늠케 한다. 지금의 입구는 예전과 달리 오른쪽에 자리하고 있다. 1980년대 고급 식당의 인테리어, 빨간 바닥 카펫과 사용감 있는 화려한 벨벳 의자. 연륜이 느껴지는, 격식은 있지만 경직되지 않은 유연한 매너의 웨이터와 웨이트리스. 괜히 나도 척추를 곧게 세우게 된다.

하림각의 탕수육은 요즘 유행하는 바삭한 스타일과는 조금 차이가 있다. 튀김옷은 달걀의 고소함이 느껴지는 부드러운 질감이고, 고기는 바짝 튀겨 소스 없이 먹어도 맛있는 고기튀김 같다. 소스에는 체리와 파인애플이 들어 있는데, 익힌 과일을 썩 좋아하지 않기에 슬며시 접시 한 구석으로 밀어두었다. 나는 어떤 탕수육이든 잘 먹는 편이지만, 고기가 다소 퍽퍽한 스타일은 한 번 맛보는 것으로 족한 편이다. 어릴 때 코를 박고 먹을 만큼 맛있었던 음식도 다 커서 먹으면 조금 다르게 느껴지기도 하는 법이니까. 그래도 맛있었다. 엄마는 "옛날 생각난다"며 만족스러운 얼굴이다. 아마도 엄마가 젊은 시절에 즐기던 탕수육이 이런 맛이었겠지.

식당 안은 연세 지긋한 손님들과 가족 단위의 테

이블로 가득했다. 대대로 기억하는 중식당이란 이런 모습이겠구나 싶었다. 클래식한 맛, 무게감 있는 분위기, 그리고 한 접시의 탕수육이 건네주는 시간의 맛. 하림각은 내게 지금도 그런 식당이다.

【 3 】
숨은 고수의 맛

서울시 서대문구 연희맛로 ◎ 진미

 '진미'는 30년 단골인 '연희동 칼국수'의 맞은편에 자리잡고 있다. 연희맛로 골목에는 오래되고 유명한 중국집이 많기 때문에 2018년에 문을 연 비교적 새로운 중식당인 진미에 가볼 생각을 전혀 하지 않았다. 쉽지 않은 연희맛로에 중국집을 냈다면 재야의 고수일 확률이 높은데 언제나 그 앞을 지나치기만 했다. 그러던 어느 날, 트위터에서 맛있는 식당만 골라 소개하는 신뢰가 깊은 계정에 진미의 탕수육이 기막히다며 게시물과 사진이 올라왔고, 사진 속 탕수육은 도저히 그냥 지나칠 수 없는 자태였다. 뽀얀 튀김옷과 그 위로 흐르는 소스는 상상만으로도 입안에서 침샘이 팡팡 터지는 것 같았다. 혀 아래쪽에서 뻐근하게 올라오는 침을 삼키며 업무를 마치고 들러야겠다는 생각으로 작업하는 손을 바삐 움직였다.

진미의 수장인 유신재 셰프는 신라호텔의 중식당인 '팔선'을 거쳤다. 매장 입구에 팔짱을 낀 포즈의 입간판에서 자신감 충만한 셰프의 패기를 느낄 수 있었다. 입구에 조심스레 들어서자 직원이 나와 안쪽으로 안내를 했다. 6시를 조금 넘긴 시각, 퇴근한 직장인으로 보이는 무리가 하나둘 테이블을 채우기 시작한다. 회식하기 좋은 곳이라는 의미다. 점심시간에도 충분히 먹을 수 있는 곳일 텐데 퇴근한 후에도 먹고 싶은 중식당이라면 역시나 믿음직스럽다.

메뉴판에는 큼지막하게 '제주흑돈 탕수육'이라고 쓰여 있다. 굳이 제주흑돈을 쓰는 이유는 한국인이라면 모두 알고 있다. 지역명이 붙으면서 오는 보장된 맛. 주인이라면 재료에 대한 고집과 손님들에게 맛에 대한 신뢰를 주기 위해 굳이 적는 것이고, 손님이라면 그것을 명백히 알기 때문에 굳이 시킬 수밖에 없다.

  튀김과 따로 나온 소스. 오늘은 소스의 절반을 튀김 위에 부었다. 절반은 찍먹으로, 절반은 부먹으로 먹을 수 있는 방법이다. 하얀 튀김옷과 투명한 소스는 경쾌하게 입안을 자극한다. 소스의 건더기가 많지 않지만 부족하지도 않다. 딱 남기지 않을 만큼. 당근과 목이버섯, 오이. 세 가지로 조화롭게 색을 냈다. 찹쌀이 들어간 튀김옷은 머랭처럼 바삭하고 폭신한 식감을 자랑하는데 소스를 부어놓은 부분은 시간이 지나면서 튀김옷에 소스가 천천히 스며들면서 한결 부드러워지고 맛도 더 좋았다. 바삭함부터 부드러운 쫄깃함까지 즐길 수 있다. 적당한 육즙이 나오는 하얀 고기가 저항감 없이 부드럽게 씹힌다. 제주흑돼지를 사용해서 그런지 육질이 더 탱글하게 느껴진다. 왜 이제야 이곳에 온 걸까. 이제라도 와서 다행이라는 생각을 했다.

옆자리에서 회식하는 무리가 불콰하게 취해서 점점 목소리가 높아진다. 중국집이란 원래 그런 공간이다. 목소리가 조금 올라가도 괜찮고, 술잔 부딪치는 소리가 어울리는 공간. 경쾌하게 웍을 움직이는 소리와 기름진 음식이 어우러져 기분이 고양되고 하루의 피로도 사라지게 만드는 곳. 사방을 가득 채운 붉은 톤의 인테리어도 기분 좋은 흥분감에 한몫 더한다.

계산을 하며 맛있게 드셨냐는 미소 띤 질문에 정말 맛있었다며 호들갑을 떨었다. 맛있는 걸 맛있다고 표현하는 일은 생각보다 용기가 필요하다. 그런데 그것만큼 마음을 또렷하게 전달하는 방법도 없다. 사소하지만 확실하게 마음을 전달하는 것. 그 마음에 조금 더 살을 보태는 것. 하루 중 가장 기분 좋은 순간이다.

【 4 】
선물 같은 맛

서울시 중구 동호로 ◎ 팔선

우리나라에서 제일가는 중국집을 꼽으라고 한다면 '팔선'을 떠올리는 사람이 적지 않을 것이다. 대만 출신 후덕죽 셰프가 이끈 팔선은 개업 3년만에 국내 최고의 중식당이 되었고 '아시아 베스트 5' 식당으로 선정되는 등 명성이 자자했다. 이후 후덕죽 셰프는 신라호텔 조리 총괄 이사를 맡게 되면서 셰프 출신으로는 최초로 임원이 되는 신화를 썼다. 이런 이력 덕분에 예전부터 중식당 하면

'팔선'이라는 생각이 자리잡게 되었다. 그리고 곧바로 궁금증이 따라붙는다. "도대체 거긴 탕수육이 얼마야?" 궁금증을 해결해야겠다는 마음을 먹고 예약창을 켰다. 팔선 홈페이지에는 코스 소개가 주를 이뤘는데 한 끼 식사로 내기에는 가격이 상당해서 엄두가 나지 않았다. 놀란 가슴으로 검색창을 새로 띄워 '팔선 단품'을 찾아봤다. 많은 사람이 검색을 해서인지 연관 검색어가 쭉 떴다. 다행히 코스 외 단품 식사도 가능했다. 안도의 한숨을 내쉬며 가격을 찾았다. 탕수육 6만 4000원. 시도하지 못할 금액은 아니었다. 평일 점심 예약을 했더니 비교적 빠른 날짜로 예약을 잡을 수 있었다.

장충동 한복판, 유난히 우뚝 솟은 붉은 건물. 권위와 우아함이 동시에 느껴지는 외관이다. 신라호텔은 올 때마다 주차장을 한 번에 찾아 들어가지 못했다. 유턴해서 입구를 지나쳐버린 적도 있고 입구를 겨우 통과해 들어갔지만 주차장을 찾지 못해 그대로 밖으로 나가버린 적도 있었다. 아무때나 가기에는 부담되는 고급 식당이라 그런 걸까. 이번에도 주차장을 한 번에 찾지 못했다. 처음 보는 지상 주차장에 차를 세우고 천천히 걸어서 건물로 들어갔다. 5성급 호텔이니 격식을 갖춰 옷을 입었다. 블라우스와 슬랙스, 구두를 신었다. 이 차림으로 탕수육과 짬뽕을 먹으러 간다고 생각하니 우습기도 했지만, 장소에 어울리는 매너는 나를 위한 것이기도 하고, 그 공간에서 일하는 사람들에 대한 존중의 표시기도 하다.

로비에 들어섰을 때 살짝 긴장했다. 신라호텔의 시그니처인 샹들리에가 반짝거리는 모습이 마치 탕수육 소스의 반짝거림 같았다. 몇 개월 동안 탕수육만 생각했더니 모든 게 탕수육처럼 보였다. 최대한 두리번거리지 않으려 했지만 엘리베이터를 찾는 발걸음은 다소 허둥댔다. 3층에 자리잡은 팔선. 고급스러움에 익숙해 보이고 싶어 긴장한 티를 내지 않으려 했지만 입구부터 느껴지는 위엄 있는 분위기에 어쩔 수 없이 허리가 꼿꼿해졌다. 이미 속으로는 감탄을 스무 번도 넘게 했다. 예약된 테이블로 안내를 받았다. 고급스러운 분위기의 인테리어와 적당한 조도. 서빙하는 직원들의 정돈된 친절과 매너, 알맞은 크기의 목소리, 모든 게 '적당'했다. 이 적당함은 따로 교육받는 걸까. 과한 친절 또는 부족한 친절은 아쉬울 수 있는데 팔선은 적당했다. 모든 게 완벽했다.

내 자리 뒤쪽으로는 낯익은 중년 배우가 앉아 있었다. 일행들과 자녀 교육에 대해 조곤조곤 이야기하는 중저음의 목소리가 식당의 낮은 조도에 착 달라붙었다. 손짓과 표정이 모두 우아해 보여 나도 괜히 우아함을 장착하고 말하게 된다.

탕수육과 짬뽕만 시키려 했으나 이 분위기에 적당하지 않다는 생각에 샤오롱바오를 추가로 주문했다. 서빙되어 나온 반찬은 모두 세 가지. 자차이, 궁채나물, 캐슈넛 튀김. 하나하나 천천히 맛을 보다 식사 전에 반찬을 다 먹어버릴까봐 젓가락을 내려놓았다.

팔선의 탕수육은 창백한 튀김옷을 입고 있었다. 좋아하는 색의 튀김옷이다. 전분이 많이 들어간 튀김옷 색깔. 두 입에 나눠 먹을 수 있을 정도의 크기도 적당하다. 그리고 놀라울 정도로 크기가 일정하다. 레벨이 높은 식당일수록 이런 디테일에 신경을 더욱 기울인다고 생각했다. 들쭉날쭉하지 않은 크기의 튀김. 소스에 들어간 재료의 크기도 모두 일정했다. 조리사 자격증을 공부한다면 이런 부분도 테스트를 하지 않을까.

 소스에 들어간 재료도 지금까지 경험한 탕수육 중 가장 풍부했다. 완두콩과 강낭콩, 파인애플, 오이, 목이버섯과 당근. 눈으로 맛보는 다채로움에 신이 났다. 이어서 나온 짬뽕도 감탄이 절로 나왔다. 따로 요청하지 않았는데도 두 그릇으로 나눠서 나온 배려에 놀랐고 깔끔한 국물을 한 입 삼키고 두 번 놀랐다. 분명 빨간 짬뽕인데 맑은 느낌이고, 맑은데 묵직한 맛을 냈다. 탕수육 한 조각에 짬뽕 국물 한 숟갈이면 밤새도록 먹을 수 있을 것 같았다. 짬뽕의 가격은 3만 원이 넘지만 그에 걸맞는 싱싱한 해산물이 아낌없이 들어가 있었다.

 만약 오늘 무척이나 기분이 좋지 않았는데 마침 월급날이라면, 팔선에 가서 식사를 하라고 권하고 싶다. 가끔은 격식 있는 곳에서 우아하게 묵직한 은식기를 들고 천천히 식사를 하면서 좋은 식재료를 공들여 한 입 한 입 음미하다보면 하루의 피로쯤은 금세 잊을 수 있을 것이다. 그리고 내일을 다시 살아갈 힘이, 그 조용한 식사 중에 천천히 차오를지도 모른다.

【 5 】
묵묵한 손맛

서울시 서대문구 연희로 ◎ 라이라이

 연희맛로에서 골목 안으로 한 블록만 들어가면, 걷기 좋고 볼거리 많은 골목이 나온다. 단독주택을 개조해 만든 작은 가게들이 골목 사이사이를 채우고 있어 신경 써서 구경하면 시간 가는 줄 모르고 걷게 되는 길이다. 길이 끝나갈 즈음 나오는 놀이터 맞은편 모퉁이, 눈에 띄는 하얀 건물. 지하라고 부르기엔 높고 1층이라고 부르기엔 낮아 그 앞을 지나치면 식사하는 사람들과 자주 눈이 마주치는 '라이라이'라는 중식당이 있다.

'來來'. 처음에는 한국식으로 '래래'라고 읽었지만 중국식 발음을 알고 난 뒤부터는 정확하게 '라이라이'라고 불렀다. '올 래' 자를 두 번이나 썼으니 꼭 오라는 강조의 의미일 텐데 길을 지날 때마다 '오늘은 죄송합니다' 하고 속으로 중얼거리며 그냥 지나치곤 했다. 꼭 다시 오라는 부름을 몇 번이나 외면했었다.

라이라이의 대표 메뉴는 칠리가지튀김이다. 한때 가지튀김이 유행이었던 시절 연남동의 한 중식당이 가지튀김으로 건물을 샀다는 소문이 돌 만큼 그 인기가 대단했다. 어린 시절 흐물흐물한 보라색 액체 괴물 같은 모습의 가지나물로 가지 음식의 첫 기억을 갖게 된 사람들에게 가지는 싫어하는 채소로 손꼽히는 경우가 왕왕 있는데 고기소를 채워 튀겨낸 뒤 매콤달콤한 칠리소스를 얹은 가지는 완전히 다른 존재가 되어 있었다. 라이라이 역시 칠리가지튀김으로 명성을 얻었다. 포장도 되기 때문에 나도 친구들이 집에 올 때면 접대 음식으로 포장해와 내곤 했다.

그 유명세 덕분에 라이라이에서는 늘 칠리가지튀김만 먹었다. 탕수육을 주문할 생각조차 해본 적이 없었다. 그러다 아주 오랜만에 라이라이를 찾은 날, 메뉴 선택에 변주를 주기로 했다. 여느 때처럼 모든 테이블 위에는 칠리가지튀김이 올라가 있었지만 잠깐의 망설임 끝에 탕수육도 당연히 맛있을 거라는 근거 없는 확신을 스스로에게 심어주며 탕수육을 주문했다.

작지도 크지도 않은 규모의 라이라이는 한 명의 직원이 홀을 지키고 있다. 재빠르고 군더더기 없는 움직임과 정확하게 주문을 받는 모습은 마치 작은 공연처럼 매끄러웠다. 일직선으로 뻗은 식당에는 출입문이 두 개 있는데 앞문과 뒷문을 유추하기 힘들었으나 계산대가 있는 곳을 앞문이라고 부르기로 했다. 그러고 보니 나는 한 번도 앞문으로 들어가본 적이 없었고 항상 뒷문으로 들어와 앞문으로 나가곤 했다. 식사하는 내내 손님들도 뒷문으로 들어와 앞문으로 나갔다.

문에 대한 생각을 골똘히 하다보니 탕수육이 나왔다. 옛날 탕수육 같은 생김새의 노릇노릇한 튀김이 한가득 테이블 위로 올라왔다. 짙은 갈색의 소스는 모두의 평화를 위해 큰 그릇에 따로 나왔다. 자칫 성의 없어 보일 수도 있는 숨이 죽지 않은 생양파는 존재감이 뚜렷했다. 부어 먹을까 고민하다가 오늘은 찍어 먹기로 한다.

생김새와 다르게 이곳의 탕수육은 부드러운 바삭함이 특징이다. 폭신하고 쫀득한 식감에 고소한 기름 냄새가 식욕을 자극한다. 육향이 과하지 않은 깨끗한 고기 맛은 입안을 부담스럽게 채우지 않고 적당한 존재감으로 머물다 식도를 넘어간다. 촉촉하게 버무린 도톰한 자차이는 탕수육과 궁합이 좋다. 한 젓가락 크게 집어 먹는다.

라이라이의 칠리가지튀김에 가려 사람들에게 잘 알려지지 않은 이 탕수육이, 어쩐지 안쓰럽게 느껴졌다. 너무나 잘 만들어진 탕수육이, 너무나 조용히 그 자리를 지키고 있었다.

【 6 】
함께하는 맛

서울시 서초구 동광로 ◎ 주

 강북에서만 살아온 나는 자연스럽게 삶의 기반도 강북에 자리잡았다. 그래서인지 강남은 심리적으로 늘 멀게 느껴진다. 특히 삼성동과 잠실은 더욱 그렇고, 압구정과 신사동은 그나마 가까운 편이며, 방배동은 갈 일이 거의 없어 최근에야 서래마을이 방배동에 있고 반포동과 맞닿아 있다는 걸 알게 됐다.
 오전 업무를 하던 중, 문득 초등학교 동창인 오

랜 친구의 안부가 궁금해 연락을 했다. 메시지를 주고받다 내친김에 점심을 같이 먹기로 하고 빠르게 손을 움직여 지도를 뒤적거렸다. 친구가 오후에 고속터미널 근처에서 일정이 있다고 해서 가까운 방배동 '주'에 가자고 제안했다. 가보고 싶었던 중식당이지만 선뜻 가지 못하고 있던 곳이라서 이 근처 일정을 은근히 기다리고 있던 참이었다.

주는 '서울 3대 탕수육'으로 꼽히는 중식당 중 한 곳이다. 웨스틴조선호텔의 첫번째 중식당인 '호경전'의 창립 멤버였던 주덕성 셰프의 성을 따다 '주'라는 이름을 붙였다고 한다. 화려한 이력만큼 매체에도 자주 등장했고, 동네 특성상 가격대는 꽤 있는 편이다.

12시 30분. 식당 앞에 도착했다. 상가 건물 1층에 '朱'라는 한자가 크게 쓰여 있다. 밖에서 봤을 때 대기줄이 없어 바로 들어갈 수 있을 줄 알았는데, 룸을 제외한 홀에는 테이블이 네 개뿐이라 10분 정도 기다려야 했다. 식당 내부는 상당히 작아 보였다. 서울 3대 탕수육으로 이름난 만큼 주말에는 얼마나 붐빌지 상상이 갔다. 친구가 도착하고 함께 식당 안으로 들어섰다. 점심시간이 한창이었지만, 손님은 직장인들보다는 근사한 코트를 걸친 중년 여성들, 그리고 유린기에 연태고량주를 곁들이며 일찍이 흥이 난 중년의 남성들이 대부분이었다.

　탕수육과 자장면을 주문하고, 물잔을 채우는 사이 밑반찬이 놓였다. 단무지와 자차이, 볶은 땅콩. 간장에는 고추기름이 들어가 있다. 채도 낮은 녹색 벽지와 벽에 걸린 붉은 등이 대비를 이루며 오묘한 분위기를 냈다. 밖은 대낮인데 주의 내부는 저녁 같다. 영화 〈헤어질 결심〉의 여자 주인공 서래가 담배를 물고 주방에서 뭔가를 볶고 있을 것만 같은 분위기라고 생각하며 주변을 둘러보고 있는데 커다란 탕수육이 나왔다. '커다란 탕수육'인 이유는 주의 탕수육은 정말로 크기 때문이다. 포동포동하고 큼직한 덩어리가 눈사람처럼 쌓여 있다. 돼지고기 등심을 큼직하게 썰어 두툼한 튀김옷을 입힌 모양새. 셰프의 배포가 느껴진다. 투박하고 묵직한 손으로 고기를 썰어 하얀 가루 위에 굴리는 동작을 떠올렸다. 입을 크게 벌려 한 입 베어 물었다. 예상과 달리 아주 바삭했다. 바삭하고 달콤하고 따뜻했다.

주의 탕수육은 소스에 '볶아서' 나오는 스타일이다. 왜 볶는다는 표현이 어울리냐면, 튀긴 고기와 소스가 잘 섞이게 버무린다기보다 소스가 담긴 웍에 튀긴 고기를 넣고 수분이 어느 정도 날아갈 때까지 센 불에서 휘리릭 볶은 후 접시에 담기 때문이다. 보기에는 소스가 넉넉해 흐를 듯하지만 튀김에 얇지만 착실하게 코팅되어 있다. 등심은 지방이 없는 부위기 때문에 조리 시간이 길면 자칫 고기가 퍽퍽하게 느껴질 수 있는데 주의 탕수육은 육질이 살아 있어 씹는 맛이 좋다. 소스가 겉면에 설탕시럽처럼 얇게 입혀져 있어 어금니에 닿는 순간 작은 입자들이 바스라졌다.

요즘 탕수육을 먹으러 다니면서 동행하는 사람들의 반응을 살피는 게 작은 기쁨이 됐다. 함께 탕수육을 먹자고 하면 실패 없이 즐거워했고, 첫입을 넣고 눈꼬리가 휘어지게 웃는 얼굴을 보는 일은 늘 행복하다. 오늘도 그랬다. 함께 탕수육을 먹어준 친구에게 고마운 마음에 계산서를 집어 들었더니, 친구가 쫓아와 만류한다. 계산대 앞에서 한참을 옥신각신했다. 이번에는 내가 이겼다. "아껴뒀다 집 사는 데 보태." 농담을 던지며 웃었다

【 7 】
은근한 맛

서울시 용산구 한강대로 ◎ 덕순루

영하 18도. 갑자기 추워진 날씨 때문에 보일러를 세게 틀어놓고 집에 틀어박혀 있었다. 문밖으로 나가고 싶지 않았지만 얼마 전부터 눈여겨본 탕수육이 머릿속에서 떠나지 않아 신용산으로 향했다.

신용산역 근처는 요즘 뜨는 지역인데 국적을 넘나드는 맛집들이 상당히 많이 분포되어 있다. 한적하지만 알찬 골목길은 성수동이 뜨기 전과 비슷하다. 토요일 오후 5시. 주차를 하기 위해 근처 공영 주차장에 갔는데 차가 한 대도 없다. '이렇게나 추운데 중국집에 설마 사람이 많을까?' 생각하며 '덕순루'의 문을 열었다. 정확히 5시 12분. 밖은 어둡고 적막한데 식당 안은 소란스럽고 북적거렸다. 내부가 파악되자 이내 후각이 자극받는다. 기름 냄새가 코를 훅 덮쳤다. 덕순루는 서울시 문화유산으로 선정된 식당으로 1959년 화교인 부부가 개업했고, 2017년 아들이 물려받은 후에는 자리를 옮겨 재개업했다.

십여 개의 테이블이 모두 찬 가운데 마지막 남은 자리는 3인석. 포장 주문 음식을 잠시 올려두는 자리 같았다. 혼자라는 말을 꺼내자 직원의 표정이 살짝 굳는다. 이렇게 바쁜데 1인 손님은 나라도 달갑지 않을 것 같다. 그래도 식사만 하지 않고 요리도 시킬 거라고 마음속으로 외친다. 남아 있던 3인석에 앉아 "탕수육 소자랑 볶음밥이요" 하고 얼른 주문했다. 고슬고슬한 볶음밥을 먹어야 한다는 리뷰를 봤다. '고슬고슬'이라는 단어는 절대 그냥 못 지나친다. 직원은 오래 걸린다는 이야기를 네 번이나 반복했다. 오래 걸리니 그냥 나가라는 뜻일까. 신경 쓰였지만 그렇다고 물러설 수 없었다. 게다가 밖은 너무나 춥다. "괜찮아요." 어조를 바꾸지 않고 침착하게 네 번 답했다. 멀리서 욱질하는 소리가 들린다. 둔탁한 소리에서 맛이 느껴지는 듯하다. 혼자라서 조금 뻘쭘해 휴대폰을 계속 만지작거렸다. 식사는 15분 만에 나왔다. 컵과 면기, 요리를 담은 그릇 모두 짙은 남색의 무늬가 새겨져 있어 통일감이 느껴졌다. 중식당에서 흔히 볼 수 없는 식기라서 눈에 띄었다.

덕순루는 찍먹이다. 가장 맛있는 튀김 색깔. 베이지색과 갈색이 조화롭게 섞여 있다. 얇고 긴 고기가 특징이다. 체감상 목젖까지 닿을 듯 깊숙하게 쑥 들어오는데 두께가 얇아서 부담스럽지 않다. 튀김만으로도 맛있어서 소스 없이 몇 점이나 먹었다. 바싹 튀겼지만 건조하지 않다. 삼킨 뒤 은은하게 느껴지는 생강 향이 좋다. 식사가 나오기 전 탕수육을 절반이나 비웠는데 전혀 느끼하지 않다. 소스에는 배추가 들어 있다. 배추를 굳이 집어먹지 않아도 소스에서 배추의 단맛이 살짝 감돈다.

혼자 중국집에 와서 카메라를 꺼내 요란하게 각도를 바꾸며 사진을 찍으면 힐끔거리는 시선이 느껴질 때가 있다. 내향인에게는 꽤나 곤혹스럽고 부끄럽기도 하지만 짐짓 아무렇지 않은 척 재빠르게 사진을 찍고 다시 숟가락을 들었다. 볶음밥을 한입 가득 넣었다. 자장소스의 단맛과 고슬하게 볶아낸 쌀알의 식감. 씹을수록 탕수육과 조합이 잘 어울린다는 생각이 들었다. 기름진 포만감은 쌀의 포만감을 이길 수 없다. 아무리 배가 불러도 면이나 밥으로 마무리해야 진짜 끝이 난다.

먹는 동안에도 문을 열고 빈자리를 찾는 손님이 다섯 팀이나 있었다. 연말이 다가올수록 모임을 할 수 있는 장소를 찾는다. 두툼한 옷을 껴입고 모여 앉아 얼었던 몸을 녹이며 맛있고 기름진 음식과 술잔을 기울이며 사는 이야기를 쏟아낼 수 있는 시간. 덕순루는 그에 딱 어울리는 공간이었다. 모임을 갖기에, 혹은 연말의 왁자지껄함을 느끼기에 좋은 장소. 그 분위기가 문득 그리워졌다.

【 8 】
행복의 맛

서울시 중구 소공로 ◎ 홍연

 호텔 중식당 최강자를 뽑으라고 한다면 신라호텔의 '팔선'과 더불어 조선호텔의 '홍연'도 빼놓을 수 없다. '홍연 출신 셰프'라는 타이틀을 중식당 소개에서 심심찮게 마주칠 정도니 홍연은 하나의 기준이 되어 있다고 봐도 과언이 아니다. 지난번 팔선에 방문했던 경험 덕분에 이번에는 손쉽게 예약을 했다. 캐치테이블이라는 예약 앱을 이용했는데, 전화 통화나 자사 홈페이지를 헤맬 필요 없이 스마트폰으로 몇 번의 터치만으로 원하는 시간에 예약이 가능한 시스템이라서 에너지를 아낄 수 있었다. 예약 확인 문자와 전날의 확인 전화까지, 철저하게 스케줄을 체크하는 운영 방식에 신뢰가 더해졌다. '예약금으로 4만 원이나 결제를 했는데 노쇼를 할 리가 있나요'라고 속으로 말하며 웃었다.

사실 홍연을 찾은 가장 큰 이유는 소고기 탕수육 때문이다. 탕수육은 무조건 돼지고기라는 고정 관념 때문인지 소고기 탕수육은 상상이 가지 않았다. 지금껏 먹었던 탕수육 중 가장 높은 가격이라는 점보다도 소고기를 튀기면 과연 무슨 맛일지가 더 궁금했다.

'홍연'이라는 이름에서 짐작할 수 있듯 식당 내부는 붉은 이미지를 상상하고 갔는데 내부로 들어서는 순간 마치 영화 〈화양연화〉의 장만옥이 된 것 같았다. 붉은 벽과 붉은 카펫, 붉은 천장. 여기에 검은색 목조 인테리어가 더해져 압도되었다. 몸에 착 감기는 차이나풍 꽃무늬 원피스를 입었으면 기분이 더 좋았을 텐데라는 생각을 하는 순간 직원이 코트와 가방을 자연스럽게 받아서 보관을 해주겠다 말했고, 살짝 당겨진 의자가 무릎 뒤를 스치며 자연스레 착석을 유도했다. 작지만 인상적인 매너였다. 호텔에 왔다는 실감이 순간적으로 몸에 스며들었다. 홀 테이블은 가운데 통로를 기준으로 양옆으로 길게 배열되어 있는데 테이블 사이에 검은 레이스 커튼이 은은하게 가림막 역할을 하고 있어 적당한 거리감을 유지하면서 답답하지 않게 손님 사이의 프라이버시를 보호해줬다.

  주문을 마치자 테이블에 세 가지 밑반찬이 놓였다. 목이버섯 무침과 오이피클, 자차이. 목이버섯 무침은 초 맛과 마늘 향, 뒤따라오는 고추의 알싸하고 상쾌한 맛과 알 수 없는 향신료의 조화가 평범한 듯 매력이 넘쳤다. 이 매력이 무엇인지 끝까지 알아차리지 못했는데 검색을 통해 고수라는 걸 알게 됐다. 고수를 못 먹는 나는 열 번 먹으면 괜찮다는 친구에게 스무 번을 먹어도 여전히 '화장품 맛'이라고 말하고는 하는데, 이렇게 속재료로 맛과 향만 살짝 낸 음식을 접하면 은근한 매력에 놀란다.

드디어 탕수육이 등장했다. 베이지색 튀김옷 사이로 짙은 갈색의 고기가 맛깔스런 자태를 뽐낸다. 따로 서빙된 소스는 잠시 미뤄두고 튀김을 먼저 한 입 베어 물었다. 혀에 닿는 순간부터 입안에 강하게 퍼지는 소고기의 육향. 언젠가 피자집에서 소고기 기름으로 튀긴 감자튀김을 후식으로 먹었던 적이 있는데 왜 굳이 소고기 기름을 쓰는지 이해할 수 있는 감칠맛이었다. 그러니까, 왜 굳이 소고기로 탕수육을 만들었냐고 묻는다면 혀가 느낄 수 있는 최상의 행복 때문이라고 자신 있게 말할 수 있다. 혈관에 쌓일 기름과 콜레스테롤 수치는 잠시 잊을 수밖에 없는 맛. 소스를 묻히고 싶지 않을 정도로 맛있어서 말없이 튀김만 여러 번 집어 먹었다. 지금 이 순간 모든 시름은 잊고 소고기 탕수육의 맛만 느끼고 싶다고 생각했다. 최대의 단점이 가격이라 자주 먹을 수는 없지만 모두가 먹어봐야 하는 맛이라고, 근데 구워 먹어도 맛있는 소고기를 튀긴 건 반칙 아니냐며 동석한 일행과 나는 홍연의 소고기 탕수육에 대한 찬사를 끊임없이 쏟아냈다. 정신을 차리고 탕수육 본연의 맛을 보기 위해 소스를 찍어 먹었다. 소스에 유난히 파인애플이 많았는데 그렇다고 더 시거나 더 단 건 아니다. 조화로운 새콤달콤함으로 튀김을 더욱 맛있는 탕수육으로 만들어주는 역할을 했다. 소고기의 육향을 좋아한다면 절반은 소스 없이 즐기는 것도 방법이다. 곁들여 주문한 삼선짬뽕은 해산물이 그야말로 아쿠아리움처럼 들어 있고, 국물은 짬뽕이라기엔 너무 맑고 섬세했다.

 마지막 탕수육 한 점까지 말끔히 비우고 일어섰을 때, 직원이 조용히 다가와 코트를 내어주었다. 옷에 팔을 끼울 수 있도록 등 뒤에서 도움을 주는 직원의 손길에 자연스럽게 몸을 맡기며 목례로 감사를 전했다. 검은색 롱코트의 깃을 여미며 계산을 하는 유리문에 비친 나를 보니 아무래도 장만옥보다는 양조위 같다는 생각을 했다.

【 9 】
정중한 맛

서울시 종로구 세종대로 ◎ 친니

'친니' 첫번째 도전. 점심은 주로 혼자 먹기 때문에 아무때나 끌리는 곳으로 훌쩍 가곤 하는데 오늘은 광화문 친니에 가보기로 했다. 운전을 해서 갔는데 세종문화회관 주차장 입구를 세 번이나 잘못 찾아 식당에 도착한 시각은 2시 15분. 예상보다 20분이나 늦었다. 주차장은 또 어찌나 좁은지 대형 SUV 옆에 세웠다가는 도저히 차 밖으로 나올 수 없을 것 같아서 소형차 옆자리를 찾느라 시간이 더 걸렸다. 식당 문을 열고 들어서며 한 명이라고 했더니 점심 영업이 끝났다고 한다. 브레이크 타임은 3시부터고, 마지막 주문을 받는다고 해도 아직 넉넉한 시간이라고 생각했는데 힘이 쭉 빠졌다. 혼자라서 받지 않은 걸까 하는 의심마저 든다. 결국 두번째 도전을 기약해야 했다.

광화문 한가운데 세종문화회관 지하에 자리한 친니는 규모가 상당히 컸다. 점심시간이면 직장인들로 붐빌 거라는 생각에 12시는 피하고 싶었지만 지난 번처럼 못 들어가는 불상사는 만들고 싶지 않았다. 그래서 이번에는 일행까지 대동해 다시 찾았다. 예상대로 가게는 꽉 차 있었고, 이름을 적은 후 입구 앞에서 순서가 오기를 기다렸다. 문 앞에는 '서울 3대 탕수육'이라는 안내문이 세워져 있었다. 서울 3대 탕수육이라 불리는 곳은 이미 전부 다녀왔는데, 갔던 어느 곳에도 이런 안내문이 세워져 있지 않았다. 이쯤되면 '서울 3대 탕수육'을 정하는 건 누굴까, 누가 만들어서 퍼뜨리는 걸까 궁금해졌다. 기자? 음식평론가? 맛집 블로거? 하지만 누가 정하는 것이든 무슨 상관이겠는가.

생각은 이내 맛있는 집을 소개해줘서 감사하다는 쪽으로 갈무리됐다.

　문 앞에는 정장을 입은 직장인 여럿이 휴대폰을 보며 조용히 순서를 기다리고 있었다. 오래 지나지 않아 내 이름이 불렸고 직원은 2인석인데 괜찮겠느냐고 묻는다. 2인 손님에게 2인석이 괜찮은지 묻는 건 넓은 자리가 아니고 협소한 자리지만 양해해달라는 부탁 섞인 물음일 것이다. '친니'라는 말은 '손님을 정중히 대하다'는 뜻인데 이름과 같은 매너와 배려에 당연히 괜찮다고 답한 후 넓은 홀 안으로 들어섰다. 대화 소리와 그릇에 수저가 부딪히는 소리가 뒤섞여 거대한 소음이 와글거린다. 홀은 80명까지 수용이 가능하다. 역시 광화문은 스케일이 크다는 생각을 하며 자리에 앉았다.

　문 앞에 '서울 3대 탕수육'이라는 안내가 세워져 있었던 이유는 「수요미식회」라는 프로그램에서 그렇게 소개했고 '서울 3대 탕수육' 중 하나인 '대가방', 퓨전 중식당 '모던눌랑' 출신의 주진호 셰프가 총괄 셰프로 있기 때문이었다. 어디 출신의 누구라는 수식어는 음식업계도 피해갈 수 없나보다.

친니의 탕수육은 볶아서 나오는데 동그란 베이비슈 같은 모양을 한 것이 특징이다. 고기를 쑹덩쑹덩 잘랐을 거라고 상상하며 첫입을 베어 물었다. 상당한 두께인데도 속까지 잡냄새 없이 잘 익었다. 뽀얀 살 안쪽으로 투명한 육즙이 맺힌다. 푸근한 고기 덕분일까. 따뜻한 온기가 몸속 깊이 전해진다. 소스는 간이 센 편이다. 짠맛이 아닌 진한 맛이다. 단맛과 새콤함, 간장의 감칠맛까지 더해진 짭짤함이 조화롭고 강하게 입안을 채웠다. 아무리 평양냉면과 콩비지를 좋아하는 식성이라도 중국 음식을 먹으러 갈 때는 '오늘은 강한 맛과 향, 기름진 음식으로 행복해지겠어'라고 작정하는 것이기 때문에 친니의 탕수육처럼 강한 맛은 당황스럽지 않다. 아니, 오히려 즐겁기까지 하다.

그런데 이곳에서는 보통 중국집에서 볼 수 있는 간장이 테이블 위에 없다. 간장 종지도 내어주지 않는다. 식당에 가면 '주는 대로 먹는다' 주의라서 간장을 요청하지 않았다. 일행과 나는 간장이 없는 게 의도일까, 아니면 바빠서 잊은 걸까 고민했는데 탕수육을 먹고 난 뒤, 의견은 하나로 모였다.

간장을 일부러 주지 않은 거라고. 그만큼 탕수육만으로도 맛이 완벽했기 때문이다.

  볶아서 내는 탕수육답게 마지막 조각까지 바삭함이 살아 있었다. 기분 좋게 식사를 마치고, 계산을 하면서 정중하게 인사를 나눴다. 친니라는 이름처럼, 정중히 대하고 정중히 먹고 정중히 나오는 좋은 식사였다. 홀을 벗어나 세종문화회관의 긴 복도를 걸었다. 사람들의 발소리와 웃음소리가 멀어질수록 마음 한 편이 따뜻해졌다. 이름처럼 품격을 지킨 식당, 이름처럼 손님을 품은 맛. 광화문 한복판, 언제든 다시 찾아오고 싶은 자리 하나를 마음에 담았다.

【 10 】
기억하는 맛

서울시 마포구 마포대로 ◎ 현래장

 일요일. 브레이크 타임 없이 영업을 하는 중국집을 찾기 위해 지도 앱을 열었다. 얼마 전 독서모임에서 동남쪽 맛집을 담당하고 있는 친구가 서쪽에 사는 내게 공덕역 근처에 맛있는 중국집이 있다고 알려줘 표시해둔 별표가 눈에 띄었다. 주차가 되는지, 영업 중인지 전화를 걸어 확인하고 바로 출발했다.

 마포구의 중심, 오피스타운 근처 큰 건물이 많

은 대로변에 위치한 '현래장'. 주말이라 그런지 건물 뒤편의 지상 주차장에 빈 자리가 많았다. 주차장에는 식사를 마치고 나오는 것으로 보이는 3대가 모인 대가족이 차에 올라타고 있었다. 머리를 높게 묶은 어린아이의 발걸음이 유독 신이 나 있었다.

오피스타운 근처의 식당을 주말에 갔을 때 느껴지는 한산함은 번화가 근처 식당의 한산함과는 다르다. 한 주간의 바쁨을 견딘 공간만이 품을 수 있는 여유롭고 단단한 공기. 어떤 분주함도 견딜 수 있다는 자신만만함과 주중에 소란했을 공간의 에너지가 곳곳에 묻어 있다.

현래장은 빨간색과 금색이 조화를 이룬 화려한 인테리어가 인상적이다. 넓은 홀 한쪽에서는 일요일 오후의 텔레비전 소리가 나지막이 흘러나온다. 어릴 적, 일요일 오후만 되면 어딘가 나른하고 아쉬웠던 기억이 떠올랐다. 월요일이 오는 걸 아는 몸이, 슬며시 졸음부터 데려오곤 했다. 행복한 나른함 속에서 메뉴판을 펼쳤다.

탕수육이 소·중·대로 나뉘어 있다. 이렇게 다

양한 사이즈로 구성되어 있는 곳을 만나면 유독 친절하게 느껴진다. 식사를 하러 왔지만 아쉬워서 탕수육 소자를 부담없이 시킬 수 있는 마음까지 알아주는 기분이 든다. 수타면이 특징이라는 리뷰를 봤기에 탕수육과 자장면, 짬뽕을 시켰다. 식당의 규모가 커서 그런지 테이블마다 호출벨이 있고 주방은 유리 너머로 주방장의 머리가 조금 보이는 구조다. 준비된 컵과 그릇, 줄지어 놓인 밑반찬들. 모든 것이 차분하게 손님 상에 올라갈 순서를 기다리고 있다.

소스와 튀김이 따로 나온 현래장의 탕수육은 달걀 흰자를 머랭 쳐서 튀긴 것 같은 느낌의 바삭함이 특징이다. 정확히는 '바삭'이 아니라 '바사삭'인데 첫입에서 육향이 강하게 난다. 잘 튀겨졌지만 육향이 다소 강해 소스를 듬뿍 끼얹었다. 바사삭한 튀김옷과 잘 어울린다. 소스를 붓고 보니 파인애플이 쏟아져 나온다. 따뜻한 과일은 불호인 편이라 파인애플을 요리조리 피해 튀김을 집어 들었다. 시간이 지나면서 바사삭한 튀김옷이 소스를 머금어 폭신해진다. 폭신한 튀김옷의 새콤달콤함이 고기를 감싸안으며 제 옷을 입은 양 잘 어울린다. 짙은 갈색의 소스는 젤리처럼 부드럽고, 입안 가득 퍼지는 포근한 단맛에 절로 미소가 번졌다.

반가운 옛날 자장은 소스의 재료가 큼직한 게 특징이다. 손바닥만한 양파와 감자, 호박이 투박하지만 먹음직스럽게 춘장과 혼연일체가 되어 숨죽어 있다. 전분기가 많아서 부드러운 게 특징이다. 옛날 자장에서만 느낄 수 있는 감자의 포근함과 수타면의 쫄깃하면서 탱탱한 식감이 어렸을 때의 기억을 불러일으킨다. 수타면과 큼직한 감자가 들어간 옛날 자장이 점점 사라져 어떤 세대에게는 옛날 자장에 대한 기억이 전혀 없을 수도 있겠구나 생각하니 조금 슬퍼졌다. 어릴 적 기억 중 음식이 차지하는 부분은 생각보다 큰데 누군가에게는 마라탕과 탕후루가 어린 시절을 추억하는 음식이면 어쩌지⋯⋯ 아, 이건 비약이 너무 심했다.

정성어린 음식을 먹으면서 오래된 식당의 미래가 궁금해졌다. 옛날 자장이 계속 누군가의 기억 속 옛날 자장일 수 있기를. 포근한 감자를 면과 함께 힘차게 빨아들이며 어린 시절을 기억하는 맛으로 남기를 기도했다.

【 11 】
조화로운 맛

서울시 마포구 양화로 ◎ 백리향

합정역 근처에서 약속이 있을 때가 많지만 중식당을 찾는 일은 드물었다. '소고기 토마토탕면'으로 유명했던 '대한각'이 사라진 후, 합정동에서 중식을 먹어야 할 이유를 잃어버린 탓이다. 그러던 어느 날, 함께 달리기를 하는 개발자 친구가 답답하다는 듯이 말했다. "합정동에 백리향이 있는데, 몰랐어?"

이 친구는 SNS 아이디에 '버거'가 들어갈 만큼

햄버거에 진심이고, 이과 출신답게 음식에 대해서도 분석적인 사람이다. 평소라면 흥분할 일이 없는 그가 다급하게 말하는 모습을 보니, 그냥 넘어갈 수 없었다. 바로 지도 앱을 열어, '탕수육' 폴더에 '백리향'을 추가했다.

백리향은 원래 연남동에서 시작한 곳이었는데 수년 전, 아마도 연남동이 폭발적인 인기를 얻으면서 임대료를 견디지 못하고 합정동으로 이전했을 거라고 추측하고 있다. 연남동은 연희동과 이웃해 있고 중식당이 모여 있는 곳이고, 화교 출신 사장님들이 대기업의 자본이 들어와 젠트리피케이션으로 동네를 망치는 일이 없도록 단합을 잘한다는 이야기를 들은 적이 있다. 그래서 여전히 자리를 지키고 있는 중식당들이 많은데 굴짬뽕으로 유명했던 '매화'라든가 '백리향'처럼 몇몇은 유지하지 못하고 사라지거나 이전하는 경우가 생겼다.

백리향의 입구에는 광둥면을 판매하고 있다는 안내판이 세워져 있다. 그걸로 봐서 광둥 음식을 하는 중국집임을 알 수 있었다. 중국 4대 음식으로 사천요리, 광둥요리, 상해요리, 북경요리를 드는데, 그중 광둥요리는 광둥성이 포함된 남중국해 일대를 아우르는 지역의 요리를 일컫는다. 바다를 끼고 있다보니 식재료가 풍부해 다양한 요리를 선보이는데, 지리적·역사적 영향으로 인해 서양 요리 기법이 전해지면서 독특한 식문화를 형성했고, 그 명성이 일찍부터 국제적으로 알려지게 되었다. 마카오나 홍콩, 넓게는 대만까지 광둥요리로 분류한다.

점심시간의 분주함이 훑고 간 오후 1시. 홀 안쪽, 큰 원형 테이블에는 직장 동료로 보이는 사람들이 둘러앉아 커다란 탕수육을 나눠 먹고 있었다. '회식으로 먹는 탕수육이 제일 맛있지.' 속으로 웃으며 자리를 잡았다.

오늘의 탕수육 탐방에 동참한 일행은 세 명. 일행 중 한 명이 체중 조절을 이유로 탕수육 소자를 시키자고 고집을 부리는 바람에 양이 적을까 내심 불안해하며 작은 사이즈로 주문을 했다. 주문을 끝내고 내부를 둘러보니 채도 높은 빨간 인테리어와 함께 연두색의 의자가 눈에 띈다. 아이용 보조의자도 연두색이다. 디자이너로서의 나는 잘 정돈된 색감을 선호하고 주로 다루는 편인데 이렇게 약간 불협화음처럼 느껴지는 인테리어와 컬러 조합을 볼 때면 오히려 상쾌한 인상을 받는다.

잠시 후 등장한 백리향의 탕수육을 보고 주문이 현명했음을 알게 됐다. 소자임에도 굉장히 푸짐한 양. 이과 출신 개발자 친구의 추천답게 탕수육은 스탠다드한 모습이다. 도톰하게 부푼 튀김옷 위로 흘러내리는 군침 도는 소스. 그 사이사이로 당근과 적양배추, 목이버섯과 양파, 그리고 화룡점정의 완두콩이 제 역할을 잘해주고 있다.

설레는 첫입을 베어 문다. 지나침 없는 달콤함과 안정감 있는 새콤함이 입안에 퍼진다. 소스를 다시 듬뿍 찍어서 남은 조각을 입에 넣었다. 쫄깃함 사이로 고기가 톡 튀어나와 치아를 건드리면서 조화를 이룬다. 테이블 위 세 명은 단지 '바삭'과 '쫄깃'의 소리만 내며 말없이 백리향의 탕수육을 즐긴다. 오늘은 이상하게 소스에 있는 파인애플이 먹고 싶어져 한 개를 집어 먹었다. 상큼하고 새콤한 맛이 입맛을 더 돋운다. 이 맛에 먹는 건가? 싶으면서도 여전히 식사 중에 과일을 먹는 건 낯설기만 하다.

    걱정과 달리, 소자 탕수육은 세 명이 충분히 나눠 먹을 양이었다. 배가 든든하게 부르고, 기분까지 좋아졌다. 계산을 하고 나오면서 말했다. "탕수육 먹을 때는 이 조합으로 가시죠!"

【 12 】
특별한 비법의 맛

서울시 서초구 남부순환로 ◎ 동보성

 미술과 음악이 늘 곁에 있었던 어린 시절, 예술의전당에 자주 드나들었다. 한가람미술관에서 전시를 보거나 콘서트홀에서 공연을 봤다. 여름이면 특히 예술의전당이 더 빛났다. 푸른 나무들, 마당 한가운데에서 시원하게 물줄기를 뿜어내는 분수, 그리고 쏟아지는 햇살. 그 풍경은 아직도 마음 한구석에서 반짝인다. 이런 아름다움만을 간직한 예술의전당에 한 가지 불만이 있다면 맛집 불모지라는 점이다. 오랜 시간 우직하게 자리를 지키고 있는 두붓집 '백년옥'과 그 옆의 '앵콜칼국수', 만둣국 전문점 '봉산옥'을 제외하면 먹을 만한 식당이 없어서 항상 검색하는 손이 바빠진다. 특히 연주회에 가기 전에는 음식 선택의 폭이 좁아지는데, 옷에 냄새가 배거나 과도한 소화 촉진 작용으로 인해 밀폐된 공연장에 장시간 앉아 있을 때 불미스러운 일이 일어나서는 안 되니 꽤나 신경을 써야 한다.

연주회가 있는 일요일. 예술의전당 맞은편 '동보성'이라는 중식당을 찾았다. 리뷰가 괜찮았고 무엇보다 일요일에도 영업하는 중식당은 이곳뿐이었다. 게다가 동보성은 2대째 이어져 내려오는 동네 맛집이라는 리뷰가 솔깃했다. 최근에 리뉴얼을 했다는 소문을 들었는데 들어서자마자 그 말을 실감했다. 밝고 화사한 인테리어, 반짝반짝 윤이 나는 대리석 테이블. 깔끔하고 모던한 분위기였지만, 솔직히 마음 한 편이 서운했다. 중식당은 오래된 나무 테이블이어야 제맛이라는 나름의 고집 같은 게 있기 때문이다. 세월이 느껴지는 테이블 위에 소스를 조금 흘려가며 먹는 자장면, 군데 군데 벗겨진 의자에 앉아 달큰한 소스를 입가에 묻혀가며 먹는 탕수육. 그런 장면들이야말로 진짜 중식당의 맛을 완성한다고 생각했으니까. 게다가 테이블 위에는 키오스크까지 있었다. 중식당과 키오스크라니. 순간 웃음이 났다. (키오스크는 대학가 술집이나 즉석 떡볶이집에 가장 잘 어울린다고, 굳게 믿는다.) 그래도 어쩌겠는가. 손가락으로 터치해 탕수육과 잡채밥을 주문했다.

넓은 홀을 혼자 치우고 있는 직원은 흡사 혹독한 전쟁을 치른 뒤 지친 장수의 뒷모습을 연상케 했다. 2시가 가까운 시각이라 식사시간은 비껴간 때인데 피크타임에 손님들이 얼마나 많았고 정신이 없었는지 테이블 위에 놓인 빈 그릇을 보고 알 수 있었다. 그의 움직임에 따라 평화로운 모습을 되찾는 홀을 바라보며 기다리는 사이 탕수육이 나왔다.

뽀송뽀송해 보이는 튀김옷을 입은 큼지막한 탕수육이 자태를 뽐낸다. 소스 그릇과 탕수육 그릇이 하나로 이어진 특이한 그릇에 눈길이 간다. 2대

사장님이 다양한 시도를 하고 있는 듯했다. 소스에는 채소 대신 프루트칵테일만 들어 있고 위에는 정체를 알 수 없는 향신료 가루가 보였다. 소스를 찍어서 두근거리는 첫입을 맛봤다. 달콤하고 새콤한 맛 뒤로 굴에서 느낄 수 있는 신맛과 과일에서만 느낄 수 있는 싱그러운 향이 입안을 가득 채웠다. 그리고 뒤따라오는 버터리한 향. 처음에는 코코넛 향인가 싶었는데 그보다는 좀더 깊은 향이다. 고기는 두툼하고 속까지 촉촉하게 잘 익었다.

 몇 번이고 소스를 찍어 먹다가 결국 참지 못하고 직원에게 물었다. "혹시, 이 소스에 들어간 향신료가 뭔가요?" 직원은 주방에 물어보겠다며 급히 주방으로 들어갔다. 잠시 후, 큼지막한 봉투를 몇 개 들고 나왔다. "이건 귀화, 이건 금귤편 그리고 이게 찔광이에요. 찔광이는 탕후루를 만들 때 사용하는 원조 과일인데 시고 새콤한 맛이 특징이에요." 예상치 못한 식재료 강의가 이어졌다. 봉지에서 조금씩 덜어 그릇에 담아준다. 덕분에 재료를 하나씩 맛볼 수 있었다. 금귤편은 익숙한 맛이었고 귀화는 아까 느꼈던 버터리한 느낌의 향이 났다. 찔광이는 산사자의 북한말로 신맛이 강했는데 과일의 신맛이라서 기분이 좋았다.

단순하게 신맛과 단맛이라고 생각했던 탕수 소스에 동보성만의 특별한 재료가 있었다. 비법일 수도 있는 재료를 선뜻 하나하나 보여준 셰프가 고마웠다.

전장을 깨끗하게 치운 장수가 계산대를 지키고 있다. 감사하다는 인사를 두 번 더 하고 가게를 나왔다.

【 13 】
낯설지만 자꾸 손이 가는 맛

서울시 용산구 후암로 ◎ 태향

　서울에 오래 살았지만 후암동과는 별다른 인연이 없었다. 서울역에서 남산 방향으로 갈 때 스쳐 지나치는 곳. 근처에는 대기업 건물들이 자리를 잡았고 서울역 근처의 호텔과 카지노가 있어 늘 어딘가 화려하고 낯선 이미지로만 기억됐다. 하지만 그 옆 골목에는 오래된 식당과 새로 생긴 가게들이 나란히 섞여 있다. 최근에서야 알게 된 후암동의 또다른 얼굴이다.

식당과 관련된 정보는 주로 네이버지도를 통해서 얻고 있는데 영업시간이나 주차 정보, 음식 사진을 파악하기가 쉽기 때문이다. 하지만 리뷰는 절반만 믿는다. 식당의 친절과 위생에 대한 이야기는 주관적인 의견이 가장 많이 개입되는 부분이라서 이와 관련된 부정적인 의견이 있어도 나는 믿지 않는다. 누군가에게 불친절한 사장님이 내게는 누구보다 친절한 사장님일 수 있고, 누군가에게는 굉장히 지저분하게 느껴졌던 인테리어가 내게는 노포 분위기를 한껏 고조시키는 중요한 요소로 작용할 수 있기 때문이다.

날이 너무 추워 운전을 해서 후암동으로 향했다. 주차장은 따로 없는 것 같아 근처 대형 건물 주차장에 차를 세우기로 했다. 2시 45분. 브레이크 타임에 걸릴 수 있는 시간이었지만 지도에는 브레이크 타임이 없는 것으로 나와 있었으니 기분 좋게 걸음을 재촉했다. 후미진 골목. 조금 무서울 정도로 인적이 없고, 음습한 기운이 감도는 곳이다. 앞서가는 직장인 무리가 왠지 '태향'으로 향하는 것 같아 그들에 의지하며 골목길을 따라갔는데 머지않아 탄식이 나왔다. '비밀 브레이크 타임'이 있었던 것이다. 나는 오늘부터 이걸 '비밀 브레이크 타임'이라고 부르기로 했다. 지도 앱에서는 확인할 수 없고 식당 문 앞에 가야만 확인할 수 있는 브레이크 타임. 문 앞에는 작은 메모지에 얇은 볼펜으로 브레이크 타임이 쓰여 있었다. 그 여린 필체가 더 야속하게 느껴졌다. 다행인건 브레이크 타임은 오후 3시부터 4시까지였고, 1시간이면 기다릴 만했다.

근처 카페에서 원고를 보다가 4시에 맞춰 식당 문을 열었다. 양꼬치집이라 그런지 가게로 들어선 순간 양고기 특유의 꼬릿한 향이 끼쳤다. 양고기를 즐기지는 않지만 냄새가 싫지는 않았다. 홀에 있던 직원은 다소 무뚝뚝했다. 아무런 안내가 없어서 머쓱해하며 "저 여기 앉을게요, 혼자예요"라고 말했다.

탕수육 크기는 보통 소자와 대자 두 가지만 있는 경우가 많은데 세 가지로 나뉘어 있는 곳을 발견하면 반갑다. 혼자일 경우 크기가 두 가지만 있는 식당의 소자는 버거운 반면 소·중·대일 경우의 소자는 양이 적기 때문이다. 주문을 마치고 리뷰를 다시 보니 음식이 나오기까지 꽤 오래 걸린다는 글을 발견했다. 마음을 편히 갖기로 했다. 주문 후 20분이 지나고 나서 탕수육이 나왔다. 순간 당황했다. 혼자 먹기에는 분명 벅찰 양. 두 명이 먹어도 남을 정도다.

탕수육의 탕후루 버전. 태향의 탕수육은 마치 닭강정처럼 튀김옷 표면에 소스가 아주 묵직하게 입혀져 있다. 흐르기보다 '버무려져' 있다는 표현이 정확했다. 튀김옷의 표면은 부드러운 공을 혀로 매끄럽게 스치는 느낌이지만 이가 닿는 순간 묵직하게 바삭했다. 처음에는 소스를 넣고 볶았나 싶었지만 그렇지는 않은 듯했다. 양념치킨처럼 버무린 느낌이었다. 후추 향이 콧속을 강하지만 짧게 때린다. 그리고 찾아오는 낯선 향신료의 향. 정향일까 싶지만 정확하지는 않다. 혀 뒤에서 마무리되는 단맛이 묘하게 중독적이다. 자꾸만 손이 간다.

이런 스타일의 탕수육은 모두가 낯설겠지만 누구나 좋아할 것이다. 입안이 단맛으로 가득찰 즈음, 간자장이 나왔다. 소스에는 큼직하게 썬 새송이버섯이 들어 있다. 이 버섯이 느끼함을 씻어준다. 마치 더운 날 산속에서 훅, 시원한 공기를 들이마시는 느낌.

  홀에서 묵묵하게 일하는 직원분의 다소 무뚝뚝한 모습 때문에 명백히 남길 수밖에 없는 양의 음식을 보며 죄송스러운 마음이 한껏 부풀어올랐다. 눈치가 보여 음식을 계속 입에 넣다가 도저히 안 되겠다 싶어 젓가락을 내려놓았다. 계산을 하는데 맛있게 드셨냐는 무심한 다정함에 마음이 놓였다. 다정함의 형태는 여러 가지인데 왜 항상 따뜻한 다정함만을 원했을까. 무심한 듯한 말투가 따뜻함보다 더 강하게 마음을 녹였다.

【 14 】
시간이 깃든 맛

서울시 동대문구 휘경로 ◎ 영화장

동대문구에 여러 개의 대학교가 모여 있다는 걸 이번 방문으로 처음 알게 됐다. 경희대학교와 한국외국어대학교, 카이스트 서울캠퍼스, 서울시립대학교까지. 예전에는 서울 중심지에서 조금 떨어진, 개발되지 않은 넓은 땅이어서 대학들이 자리를 잡기 좋았겠구나 생각하며 주변을 둘러봤다. 산림과학원이 있는 덕분일까, 괜히 공기도 좋은 것 같고, 상급 병원도 많아 살기 좋은 동네라는 말을 일행과 나누며 두리번거렸다. 낯선 동네는 언제나 호기심을 자극한다.

'영화장'에는 주차 공간이 없었다. 대신 가까운 한국외국어대학교에 주차를 하고 길을 건넜다. 주차할 곳이 마땅치 않을 때 근처 대학 캠퍼스를 활용하는 것도 괜찮은 방법이다.

11시 20분. 오픈 시간에 맞춰 한차례 손님이 들어간 뒤라 애매하게 기다려야 할 시간이겠구나 짐작하며 가게 앞으로 갔다. 역시나 문 앞에는 대기하는 사람들이 제법 많았다. 번호표를 뽑는 기계는 1인, 2인, 3인, 4인 이상 손님을 구분해 번호를 배정하고 있었고, 문 옆에는 웨이팅 방법과 영화장의 역사가 자세히 소개되어 있었다.

영화장이 '역사'라고 불릴 수밖에 없는 이유는 분명했다. 3대째 이어져 내려오는 가업으로 그 시작은 1948년이다. 부여에서 '복흥루'라는 이름으로 시작해 1971년에 '영화장'으로 상호를 변경했으니 영화장이라는 이름으로 영업한 시간만 헤아려봐도 벌써 50년이 넘었다. 여느 식당에서 흔히 볼 수 있는 '전통'이라는 말과는 다르게, 진짜 시간을 견뎌낸 이름이었다.

 기다리는 무리에는 대학생과 직장인이 주를 이뤘다. 간이 천막 아래 앉은 지 20분쯤 지나자 열 명이 넘는 넥타이부대가 줄지어 나왔다. 곧 차례가 올 거라는 두근거림에 맞춰 순번을 알리는 진동벨이 울렸다. 내부는 오밀조밀하게 테이블이 많았다.

 오늘은 탕수육과 더불어 처음 보는 '고추 삼선 간자장'을 주문했다. 고추가 들어갔다고 하니 느끼함을 잡아주는 맛일 것 같았다. 건너편에는 벌써 소주를 한 병 비운 직장인들이 땀을 닦으며 일어날 채비를 했다. 회사 점심시간에 한잔 기울이는 일탈이 짜릿하긴 하지 싶다가도 아무리 그래도 소주 한 병은 너무했다는 생각이 뒤따랐다. 한편 소주를 시키지 않을 수 없는 맛이었을까, 음식에 대한 기대감이 더 올라가기도 했다.

 영화장에 오기 전, 일부러 검색을 하지 않았다. 친구가 강력 추천한 곳이니, 아무 정보 없이 기대만 품고 오고 싶었다. 접시를 푸짐하게 채운 탕수육이 테이블 위에 놓였다. 사이즈 구분이 없는 곳은 저렴하지 않은 대신 두 명이 먹기에 충분한 양이 나오기 때문에 양껏 먹을 수 있다. 윤기가 흐르는 투명한 소스가 튀김을 적시며 넓은 대접 위까지 넉넉하게 둘러져 있다. 소스 재료로는 중국집에서 많이 사용하는 양파 대신 배추가 흰 채소 역할을 담당하고 있다. 깊은 단맛이 혀 안쪽에 다다를 때 찾아오는 묵직한 신맛의 밸런스가 좋다. 튀김옷이 바삭거리며 입안에서 뛰어다니다가 소스를 만나 차분해진다. 고소한 고기 맛을 한참 느끼고 보니 영화장의 소스가 참 괜찮다는 생각이 든다. 투명한 소스가 상쾌한 단맛이라서 입안이 들척지근하게 무거워지지 않고 다음 탕수육을 기분 좋게 맞이할 수 있다.

궁금했던 고추 삼선 간자장은 불 향이 강하고 자장소스 뒤로 찾아오는 매운맛이 매력적이었다. 인기 있는 이유가 충분했으나 누군가에게는 양이 적을 수도 있겠다는 생각을 했다.

잘되는 식당은 대체로 비슷한 패턴을 가진다. 전체적으로 평균 이상의 맛을 유지하면서, 한두 가지 특별히 뛰어난 메뉴가 있다. 대표 메뉴 때문에 방문했다가 다른 메뉴를 먹고도 만족해서 또 오게 만드는 전략. 영화장도 그 공식에 충실했다. 오늘은 술을 마시지 않았지만, 언젠가 여럿이 와서 다양한 요리를 곁들여 먹고 싶어졌다. 대를 이어 오랜 시간 한결같은 맛을 전하는 일은 참으로 위대하다. 문을 나서며 다시 한번 영화장의 오래된 간판을 올려다봤다. 긴 시간 동안, 오늘 같은 하루를 얼마나 많이 쌓아왔을까 생각하면서.

【 15 】
함께 나누고 싶은 맛

서울시 서대문구 연희맛로 ◎ 이화원

　서대문구 연희동 연희맛로에는 단독주택 형태의 식당이 유난히 많다. 지금처럼 많은 식당이 들어서고 번화해지기 훨씬 전부터 단독주택이 자리한 주거 밀집 지역이었기 때문인데 지금은 깊은 골목 사이사이로 카페와 맛집 들이 늦은 시간까지 불을 밝히고 있다.

　'이화원'은 연희맛로의 가장 넓은 거리에서 크고 멋들어진 단독주택에 자리를 잡아 오랜 시간

맛을 이어가고 있다. 처음 이화원을 찾았던 날이 언제였는지 기억나지 않을 정도로 이곳의 역사는 오래됐고, 또 몇 번이나 이곳에 왔는지 셀 수 없을 만큼 자주 찾은 곳이기도 하다. 연남동에 굴짬뽕으로 유명했던 '매화'라는 중국집과 이곳의 사장님이 형제라는 이야기를 들었는데 매화는 어느 순간 사라졌고 이후 이화원에 굴짬뽕 현수막이 크게 걸리기 시작했다. 여름이면 비취냉면, 겨울이면 굴짬뽕이 대표 메뉴다. 이화원의 계절 메뉴는 단 한 번도 추천에 실패한 적이 없다. 누군가에게 이곳을 소개할 때면 늘 확신이 있다.

제법 가파른 돌계단을 올라 문을 열면 이제는 시골 할머니댁에 온 듯한 편안함이 밀려온다. 대부분의 테이블은 룸 형식으로 되어 있고, 2층은 볕이 잘 들기 때문에 특히 점심시간에 방문하면 밝은 마음으로 식사를 즐길 수 있다. 이화원의 인테리어를 천천히 살피다보면 맥락이 없음을 알 수 있다. 선반이나 테이블, 그릇장과 트롤리, 창문과 가림막, 벽에 걸린 액자 하나하나까지 각자의 개성만 존재할 뿐 통일된 콘셉트나 스타일이 없다. 그런데 오히려 그 모습이 자연스럽게 어우러진다. 세련되지 않은 멋, 의도하지 않은 조화로움이 공간을 편안하게 만든다. 그 일관성 없음이, 묘하게 잘 어울린다.

중국어에 능숙한 직원이 가져다준 얇게 썬 단무지와 잘 버무린 자차이를 몇 번 집어먹고 있으니 탕수육이 나왔다. 스테레오타입의 모양새. 탕수육 모형을 만들어야 하니 눈을 감고 머릿속에 떠올려보라고 한다면 이런 모양을 떠올리지 않을까 싶은 황금빛 튀김과 갈색 소스. 먹음직스러운 농도의 소스는 입에 넣지 않아도 새콤달콤함이 느껴진다.

튀김 위로 뿌려진 소스가 유독 맛있어 보이는 역할을 하는 이유는 건더기의 색상 조합이 좋기 때문이다. 탕수육 그릇 옆에 올려진 서빙 스푼으로 듬뿍 떠서 앞접시에 옮긴다. 가끔 동행인이 탕수육의 첫입을 무엇으로 시작하는지 살펴볼 때가 있다. 붕어빵을 먹을 때 머리부터 먹는지 꼬리부터 먹는지 유심히 관찰하는 것처럼. 소스에 들어가는 재료, 예를 들면 목이버섯이나 당근부터 먹는 쪽이라면 조심스럽고 사려 깊은 성격, 튀김부터 먹는다면 자신감 넘치고 적극적인 성격일 거라는, 근거는 없지만 느낌으로 유추하기도 한다.

  고소한 튀김과 잘 익은 고기를 의식적으로 정성 들여 씹는다. 평소보다 오래 씹다보니 긴 세월 자주 먹어온 맛에 대한 추억이 눈앞에 펼쳐진다. 주로 가족들과 함께했던 식사, 부모님의 얼굴, 나눴던 대화는 기억나지 않고 대부분 흐릿하지만 먹는 내내 좋았던 기억이 남아 있다. 맛이라는 건 일상의 기쁨이자 행복이지만 시간이 지나고 나면 누군가와 나눈 추억이고 사랑이기도 하다. 좋아하는 사람과 일부러 맛있는 음식을 먹는 일. 그건 그 맛을 함께 나누고 싶다는 마음, 사랑의 다른 이름이 아닐까.

2부

오늘의 마감식

【 16 】
마감 후 성찬

서울시 중구 퇴계로 ◎ 유가

 책 만드는 일은 기다림의 연속이다. 출간일을 맞추기 위해 함께 출발선에서 달리기 시작했는데 급한 마음에 서둘러 달려가다 어느새 혼자 달리고 있는 상황을 맞이할 때가 있다. 당황스러워서 주위를 둘러보면 같이 달리던 사람들의 모습은 온데간데없다. 그들을 기다려야 한다는 걸 알지만, 그 기다림은 종종 슬프다. "그 원고는 어떻게 된 건가요?" "출간일이 미뤄진 건가요?" 각자의 사정이 있다는 걸 알기에 목구멍까지 차오르는 질문들을 삼키고, '이번 주만 더 기다려보자'며 마음을 누른다. 고기에 찹쌀옷과 튀김옷을 여러 겹 입은 탕수육처럼 에둘러 다른 말과 함께 하고 싶은 말을 슬쩍 전하기도 한다. 하루하루 잊힌 원고를 생각하며 전전긍긍하는 외주 디자이너의 가시밭길을 본격적으로 걷기 시작한 지 3개월이 지났고, 그래도 무사히 두 권이나 마감했으니 이런저런 복잡한 마음은 넣어두고 신나게 탕수육을 먹어보자는 마음으로 작업실 문을 닫고 나왔다.

저녁 6시가 조금 지난 시각인데 하늘은 유난히 맑고 파랗다. 명동에 위치한 서울중앙우체국 앞, 어릴 적 땅값이 가장 비쌌다는 이야기를 들었던 자리. 신세계백화점 본점의 변함없는 화려함을 지나 회현역 쪽으로 향했다. 오늘도 마감식으로 탕수육을 빼먹을 수 없다.

오늘의 마감식 장소는 '유가'. 작업실 근처 중국집을 찾아보다 알게 된 곳이다. 정보도, 리뷰도 거의 없는 곳. 이런 발견이 반갑다. 문을 열고 들어서니 벌써 얼큰하게 취한 무리들이 보인다. 왁자지껄한 분위기에 혼자 들어간 것이 멋쩍어 일부러 크게 인사를 했더니 홀 직원분이 작은 목소리로 1층은 시끄러우니 2층으로 올라가라고 코를 찡긋하며 위층을 가리킨다. 다소 한적한 2층은 자리가 넉넉했다.

메뉴판을 천천히 살펴보는데 양쪽 테이블에서 유린기가 맛있는 집이라고 메뉴를 토론하는 이야기가 들린다. 몇 년 전, 유린기를 처음 먹어보고 탕수육과는 사뭇 다른 상큼함이 더해진 닭튀김에 반해 한 달 동안 유린기만 먹었던 기억이 떠올랐다. 궁금했지만 탕수육으로 시선을 돌렸다. 명색이 마감식이니 맥주를 추가하지 않을 수 없다. 간장 종지에 간장을 따르려고 보니 간장과 식초, 고춧가루가 담긴 용기가 유독 깔끔하다. 간장과 고춧가루가 든 용기 입구에 말라비틀어진 자국이 있고 먼지와 지문이 근처를 지저분하게 만들어놓은 경우도 부지기수인데 정성을 들여 관리한 양념 용기에 식당에 대한 신뢰감이 올라간다. 유가의 탕수육은 어떤 모습일까.

도톰한 탕수육. 보기에도 튀김이 두툼해 보이

는데 한 입 베어 무니 튀김옷에 찹쌀이 넉넉하게 들어 있다. 쫄깃하게 늘어나는 튀김옷이 오늘 마감으로 지친 마음을 부드럽게 위로해준다. 시간이 지나면서 소스를 머금은 튀김옷은 구름처럼 부풀고 더 폭신해졌다. 입안에 퍼지는 부들부들한 찹쌀의 질감은 기분을 살며시 끌어올린다. 고기는 두툼하고 하얗고, 육즙이 가득하다. 손맛이 느껴지는, 인심 좋은 탕수육. 고춧가루를 듬뿍 푼 간장에 푹 찍어 단맛 뒤의 짠맛을 조절해본다. 맥주와 함께 즐기는 짭조름한 여운이 길게 남는다.

 소스에 들어간 완두콩은 특별하다. 녹색의 작은 알갱이가 들어 있으면, 그 작은 마음 씀씀이가 유난히 예쁘게 느껴진다. 마치 화룡점정을 찍듯 소스에 살포시 올라앉아 있는 완두콩이 그릇 전체에 정성을 더해준다. 술은 잘 못하지만 폭신한 탕수육에 맥주 한 병을 비웠더니 1층의 회식을 즐기던 테이블의 무리와 비슷한 색깔의 얼굴이 됐다. 계산을 마치고 나올 때는 실실 웃음이 흘렀다. 알딸딸함이 여름바람의 눅진함과 섞여 취기가 더 올라오는 느낌이었다. 작지만 확실한 행복. 마감을 마친 작업자들에게는 위로의 식사가 꼭 함께하기 바라며 파랗게 어두워진 밤길을 걸었다.

【 17 】
소박함의 매력

서울시 중구 퇴계로 ◎ 만만(소흘)

창문을 열어놓은 여름의 어느 날, 본문 수정 작업을 3시간째 이어가고 있었다. 표지를 디자인하는 날들 사이로 본문 수정 일정이 들어가 있으면 일이 더 수월하게 진행된다. 창작이라는 불확실한 노동의 틈새에 놓인 단순 반복의 시간. 본문을 손보는 작업은 머리보다 손이 먼저 나서는 일이다. 몰입의 순간이 오면 생각은 멈추고 손만 움직인다.

한참 작업에 몰두해 있는데 갑자기 배에서 꼬르

록 소리가 났다. 고개를 들어 맞은편에 있는 친구를 쳐다봤다. 작업실을 공유하고 있는 친구도 배가 고픈지 미소를 지으며 밥을 먹자는 제스처를 취한다. 집중을 도와주는 노이즈캔슬링 이어폰을 책상 위에 내려놓고 신발을 갈아신자 어느새 친구도 지갑을 챙겨 따라나선다.

건물 밖으로 나오며 기지개를 켰다. 서울의 중앙쯤 되는 지역, 한국은행 옆. 남대문이라고도 명동이라고도 시청이라고도 불리는 곳. 시청역, 명동역, 을지로입구역, 회현역이 빙 둘러 있는 이 지역, 그중에서도 회현역 주변은 유독 중국집이 많다. 생각해보면 중국집 없는 동네는 드물지만, 서울 한복판에 이렇게 중국집이 밀집한 지역은 흔하지 않다. 남대문시장과 명동 등 가까운 관광 명소 덕에 중국인 손님이 많아서일까. 호텔과 게스트하우스가 밀집한 회현역 1번과 2번 출구쪽 골목으로 들어가면 '만만'이라는 중국집이 있다. 대만 화교가 운영하는 식당으로 광둥요리와 딤섬도 메뉴에 포함되어 있다.

노란색 간판. 중국집은 보통 붉은 계열을 많

이 쓰는데 노란색이 새삼스럽다. 그러고 보니 대만은 유독 노란색을 즐겨 사용한다. 왜일까 생각하며 간판을 유심히 봤다. '만만소흘'. 중국집은 '루' 혹은 '각' '장' '관'으로 끝나는 곳이 많은데 '소흘小吃'이라는 단어는 생경하다. 소흘은 '간단한 음식을 파는 작은 가게'라는 뜻이라고 한다. 어감만으로도 정겹다. 문 옆에는 손 글씨로 메뉴가 적혀 있었다. 서체를 다루는 일을 하기 때문에 손 글씨를 보면 유난히 눈길이 간다. 잘 다듬어진 서체들 속에 있다보면, 삐뚤고 어설프게 쓴 글씨가 오히려 살아 있는 것처럼 느껴진다.

메뉴판에서 '유니짜장+프라이'라는 조합에 눈길이 멈췄다. 자장면 위에 달걀프라이를 얹는 집은 드물다. 일단 프라이가 올라간다면, 주문은 정해진 셈이다.

주문을 마치고 테이블을 둘러보았다. 앞접시가 하나하나 위생봉투에 싸여 있고, 단무지와 김치도 랩으로 덮어 깔끔하게 놓여 있다. 오래된 벽지에서 세월이 느껴졌지만, 매일 빼놓지 않고 청소하는 시골 할머니댁처럼 정갈한 느낌이 든다. 조도는 맑고 밝았고, 그 빛이 마음을 개운하게 만들어 주었다.

"튀김은 시간이 좀 걸려요." 부부가 함께 운영하는 식당이었고, 여자 사장님은 중국어로 남자 사장님에게 주문을 전했다. 음식점에서 중국어가 들리면 왠지 모르게 신뢰감이 생긴다. 본고장에서 온 맛 같아서.

눈을 감고 머릿속으로 탕수육을 떠올린다면 만만의 탕수육 생김새를 떠올릴 것 같다. 아주 먹음직스러운 정석적인 형태의 탕수육이다. 튀김옷에서 지글지글 끓는 기름의 흔적이 몇 초간 이어졌다. 한 점 들고 베어 무니 묵직한 튀김옷으로 감싼 두툼한 고기가 모습을 드러낸다. 속까지 잘 익은 뽀얀 고기 단면에는 육즙이 살짝 고여 있다. 적당하게 알맞은 기름의 온도로 속까지 푹 익었으나 기름지지 않은 깔끔한 맛에 속이 부대끼지 않았다. 식사가 끝날 때까지도 전혀 느끼하지 않았다.

먹는 내내 손님이 들어오지 않아 이곳은 더 알려져야 한다며 친구와 또 오자는 약속을 했다. 계산을 하고 나오면서 주인분께 정말 맛있었다는 인사를 했다. 소홀이라는 단어 앞에 붙은 만만. 만만이라는 큰 단어가 소홀이라는 소박한 단어 앞에 붙어서 좋다. 맛있는 음식을 많이 주고, 정도 주는 작은 가게. 음식에 있어서는 자신만만하지만 질박함을 소중히 한다는 뜻 같아서 더 좋았다. 문 앞에 붙은 "머리 조심하세요"라고 쓴 마음 같아서.

【 18 】
변화 속에서도 지키고 싶은 것

서울시 중구 을지로 ◎ 안동장

  종로에서 초등학교부터 고등학교까지 다녔기 때문에 추억 많은 이 거리를 걷는 것을 좋아한다. 교복을 입고 광화문에서 문제집을 사고, 종각으로 내려와 햄버거를 먹고 노래방에 가는 일이 세상의 전부 같던 시절이 있었다. 그 시절의 마음이 거리의 틈마다 여전히 묻어 있다.

  같은 동네에서 평생을 산다는 게 특별한 일이라는 걸 최근에 알게 됐다. 평생 지역을 옮기지 않고 산다는 건 흔한 일이 아니라는 것. 떠나지 않기에 그 지역의 변천사를 모두 눈에 담을 수 있고, 그래서 애정이 더 생겼으며, 그래서 더더욱 다른 지역으로 생활권을 옮기기란 쉽지 않다.

종로1가부터 쭉 뻗은 종로3가. 거기서 오른쪽으로 꺾으면 을지로3가를 거쳐 을지로입구까지 이어지는 길. 대로에서 가지처럼 뻗은 좁은 길 사이로 시간의 흔적이 묻은 상점들을 구경하며 걷다 보면 인쇄소 골목이 나온다. 익숙한 곳. 벌써 10년이 넘는 시간 동안 드나든 곳이다. 인쇄가 끝나고 건조 중인 종이 더미가 쌓여 있는 인쇄소 앞 팔레트를 요리조리 피해 걷는다. 고층의 신식 건물들 사이에서 또다른 생태계를 이어가고 있는 이 활기 넘치는 작은 건물들을 좋아한다. 활기 있고, 진심이 있고, 어딘지 모르게 따뜻하다. 을지로3가역에서 가까운 '안동장'은 이렇게 골목골목을 걷다가 우연히 발견한 중국집이다.

북디자이너는 종이와 친숙하다. 컴퓨터로 내내 작업을 하지만 결국 책은 종이에 인쇄되기 때문에 종이를 자주 만지면서 산다. 을지로에는 종이 회사의 소매상이 있고 디자이너들은 자주 그곳에 가서 새로 나온 종이 또는 인쇄할 종이를 살펴보고 구매를 한다.

  책을 마감하기 전, 처음 사용하는 까다로운 종이의 인쇄를 앞두고 실제로 인쇄될 용지에 미리 인쇄를 해보기 위해 종이를 사러 나왔다가 안동장을 발견했다. '안동장'이라는 붓글씨체 한자가 멋있게 휘갈겨져 있는 오래된 간판이 묘하게 시선을 끌었다. 입구에는 웨이팅 안내 팻말이 놓여 있었는데, 이 팻말이 식사시간에 식당 앞이 얼마나 북적거릴지 상상하게 만들었다. 친구는 이미 와본 곳이라며 송이짬뽕을 외치며 조용히 엄지를 치켜들었다.

  내부는 다소 연식이 느껴지지만 청결하고 느낌이 좋다. 형광등 불빛은 보통 음식을 초라해 보이게 만들지만 안동장에서는 그렇지 않았다. 주변을 정갈하게 밝혔다. 1층은 조금 복잡해 2층으로 안내를 받았다. 2층에 올라가니 어르신들이 큰 테이블에 오순도순 모여 앉아 모임을 하고 있었다. 나이 지긋한 손님이 많은 식당. 믿고 먹어도 되겠다는 생각이 들었다. 나도 30년, 40년이 지나도 찾게 될 식당이 있을까. 동네에 이미 30년 동안 다닌 칼국숫집이 있지만 나이가 들어 찾아가는 식당은 느낌이 많이 다를 것 같다.

벽에 송이짬뽕과 굴짬뽕을 설명하는 글귀가 적힌 종이가 붙어 있는데 글씨체가 예사롭지 않다. 붓글씨를 오래 수련했을 것 같은 내공이 느껴지는 필체다. 빨간색과 파란색, 라임색의 조합 또한 대단히 감각적이다. '季節계절의 珍味진미' 한문이 섞인 카피가 매력적이다. 진정한 레트로라는 생각에 웃음이 픽 나왔다. 젓가락과 티슈에는 안동장이라는 상호와 귀여운 모양의 로고가 새겨져 있다. 상호가 새겨진 식기와 티슈를 사용하는 식당은 규모가 있는 곳이라 무조건 맛있다는 이상한 믿음이 있다.

고민 없이 탕수육 소자와 송이짬뽕을 시켰다. 이곳은 특이하게 밑반찬으로 자차이를 내지 않는 중식당이다. 중국집에서 자차이가 나오지 않으면 무척 섭섭하다. 그래도 다행히 깍두기가 나왔다. 밥류를 시키지 않았음에도 깍두기를 주면 기분이 좋다. 오늘의 탕수육 간장소스는 간장 1, 고춧가루 1, 그리고 백후추도 있어서 후추를 다섯 번 정도 털어넣었다. 간장소스에 후추를 넣었더니 색다르게 맛있다.

안동장의 탕수육은 소스를 미리 부어 나오는 스타일이다. 나는 탕수육이 부먹이든 찍먹이든 호불호가 없다. 주는 대로 먹는다. 주방에서 가장 맛있는 방식대로 요리해줄 것이라는 믿음이 있기 때문이다. 적당한 갈색빛의 튀김옷과 푹 익지 않은 오이가 살아 있는 소스.

오늘은 육향을 느끼고 싶지 않은 날이었다. 한 입 베어 물고 눈이 동그래졌다. 폭신한 빵 같은 식감의 튀김옷. 빵 같지만 또 튀김 같다. 처음 먹어보는 스타일이다. 신기해서 계속 손이 간다. 육향은 과하지 않고 소스는 간장 맛이 충분하다. 목이버섯도 여러 개 들어가 있다. 탕수육을 서너 점 집어먹었을 때 송이짬뽕이 나왔다. 음식이 빨리 나오는 점도 좋다. 탕수육을 몇 점 더 집어먹고 짬뽕으로 젓가락을 옮겼다. 하얀 국물에 버섯 향이 풍성하게 스며 있었고, 국물은 기름지지만 전혀 느끼하지 않았다. 소고기가 국물의 감칠맛을 더해주고, 청경채와 송이버섯이 느끼함을 정돈해줬다. 면은 보드랍고 탱탱해서 거침없이 넘어갔다. 1948년에 시작된 식당의 내공이 면발과 국물에 고스란히 배어 있었다. 탕수육과 짬뽕. 완벽한 궁합이었다. 아마 이곳의 탕수육은 어떤 면과도 잘 어울릴 것이다.

정신없이 먹다가 옆 테이블을 보니 단란한 규모의 어르신들이 모두 체크무늬 셔츠를 맞춰 입고 식사를 하고 계셨다. 그중 한 분이 쓴 헌팅캡이 무척 멋져 보였다. 오랜 시간을 함께한 식당에서 멋지게 차려입고 식사를 하는 30년 뒤의 나를 상상해봤다. 부디 이곳처럼 오래된 지역이 난개발로 사라지거나 허물리지 않기를, 그리고 이 식당이 지금의 자리에서 성실히 이어지기를, 내일도 모레도 조용히 일상을 살아가는 모든 이들이 무사하기를…… 마음속으로 조용히 기도했다.

【 19 】
명쾌한 해답

서울시 영등포구 국제금융로 ◎ 서궁

 운전을 업으로 하는 친구 A는 가끔 내게 안부와 함께 "오늘도 남의 회사 갔어?" 하고 묻곤 했다. 그 말이 이상하게 웃겼다. 고용된 회사를 마치 '내 것'처럼 여기는 게 미덕인 사회에서 A의 말은 은근 통쾌했다.

 나는 그렇게 남의 회사를 15년 다녔다. 마지막 '남의 회사'를 그만두고 '내 회사'를 차린 뒤부터는 평일 낮에 미팅할 일이 많아졌다. 직장인일 때는 평일 낮시간에 거리를 활보하는 사람들은 무슨 직업을 가진 사람들일까 궁금했는데 그게 바로 내가 됐다. 내 회사를 시작한 지 1년이 지난 지금도 평일 낮시간 도심을 걷는 내 모습을 쇼윈도를 통해 마주하면 여전히 낯설지만 가뿐하고 즐거운 기분이 들기도 해서 걸음이 경쾌해진다.

오늘의 미팅 장소는 동여의도. 여의도는 여의도공원을 기준으로 서강대교 방향을 서여의도, 원효대교 방향을 동여의도로 나눈다. 사회생활의 시작을 여의도에서 했기 때문에 여의도와의 심리적 거리감은 가깝고 직장인들의 식사 분위기가 눈앞에 생생하게 그려진다. 큰 빌딩 지하에 촘촘히 들어선 식당들, 정오만 되면 물밀듯이 쏟아져 나오는 직장인들, 그들 틈에 내가 있었다. 스무 살 무렵에는 모든 게 신기했고, 막내라는 특권으로 식당 선택권이 주어질 때면 눈이 휘둥그레져서 좀처럼 하나를 고르지 못했다. 그만큼 여의도에는 선택지가 많았다.

오늘은 점심 미팅이다. 특별한 고민 없이 여의도 중국집 '서궁'을 선택했다. 여의도 직장인이라면 한 번쯤은 가봤을 중국집이지만 나는 오늘이 처음이다. 메뉴판을 펼치자 자장면이 없었다. 자장면이 없는 중국집이라니…… 신기하다 생각하며 볶음밥을 주문했다. 자장면이 없다는 건, 자장소스를 곁들이지 않는 볶음밥이라는 뜻이겠지. 그런 추측을 하며 음식이 나오길 기다렸다. 사이즈의 별도 표기가 없는 탕수육도 하나 주문했는데 묵직한 탕수육 그릇이 테이블 위에 올려졌다. 소스의 재료가 큼직큼직하게 썰려 있어 그 크기가 탕수육 튀김과 비슷하다. 당근은 향이 싫어서 선호하는 채소가 아닌데 이렇게 크다면 더더욱 데코레이션이라고 생각하게 된다. 투명한 소스의 달짝지근한 맛이 입안에서 천천히 퍼진다. 단단한 질감을 살린 바삭함에 고개를 끄덕였다. 역시 맛있다.

　회사를 다닐 때 두 직급 이상 높은 상사와 점심을 함께하게 될 때면 괜히 설레곤 했다. 게다가 중국집에 가면 멋지게 "탕수육도 시킬까요?" 하고, 능숙하게 주문을 마무리하는 모습을 보며 나도 저런 어른이 되고 싶다고 생각했다.

　역시 볶음밥에는 자장소스가 없었다. 달걀국

과 함께 나온 볶음밥에 소스가 없으니 옷을 덜 입은 느낌이다. 맛있지만 완성형 볶음밥은 아니었다. 계산을 하며 용기내어 물어봤다. "여긴 자장면 안 하시나 봐요?" 직원이 단호하게 대답했다. "자장면은 중국 음식이 아니거든요." 그 말을 내뱉는 직원의 목소리에 묘한 자부심이 실려 있었다. 자장면이 한국식 중국 음식이라는 이야기는 이미 오래전부터 알고 있었다. 그래도 한국에서 중국집을 한다면 자장면은 필수 아닐까 생각했다가 오히려 이런 자신감은 내 회사를 시작한 지금 내게 필요한 마음이겠구나, 라는 생각이 들었다.

최근에 하고 있던 고민이 다시금 머리에 떠올랐다. 디자이너는 작업물이 곧 메시지를 전달하는 역할을 하기 때문에 도덕적 신념에 어긋나는 프로젝트를 만났을 때 예산에 흔들리지 않도록 평소에 자신의 마음을 잘 지켜야 한다. 분명 자장면을 팔았다면 돈을 더 벌었겠지만 신념을 지키는 서궁 사장님의 마음이 요즘 내가 하던 고민에 명쾌한 답을 내주는 것 같았다.

"중국집이지만 자장면은 하지 않아요."

"어떤 디자인도 다 하지만 아무 디자인이나 하진 않아요."

【 20 】
뜻밖의 즐거움

대전시 동구 중앙로 ◎ 태화장

 작업실을 함께 쓰는 친구는 출판학교 수업을 들으면서 만났다. 그 인연이 이어진 지도 12년이 훌쩍 지났다. 언제나 내가 하는 말에 "예스"를 외치며 어디든 함께 가겠다고 하는 그 친구는 존재만으로도 든든하다. 탕수육을 열심히 먹고 있는 나에게 어느 중국집이라도 말만 하면 같이 가겠다고 호언장담한다. 지방에 가자고 얘기할 줄은 몰랐겠지. 하지만 친구는 대전으로 향하기를 주저하지 않았고, 그렇게 우리는 아침 일찍 태화장으로 향했다.

평일 한낮에 탕수육을 먹기 위해 대전으로 떠나는 일은 회사를 다니고 있었다면 상상도 못했을 일이다. 대전에서 가장 오래되고 유명한 중국집이라는 '태화장'은 이름만 알고 있었을 뿐 한 번도 가본 적이 없었다. 처음 가는 식당은 출발하기 전부터 공간에 대한 상상력이 발동된다. 간판은 어떨까, 내부는 넓을까, 직원들의 유니폼은? 괜한 예측과 기대가 머릿속을 빙글빙글 돌아다니고 그러다보면 어느새 설렘으로 변한다.

대전은 아무 연고가 없고, 한 번도 가본 적 없는 도시다. 대전 엑스포, 꿈돌이와 꿈순이. 예술의 전당이 성공적으로 자리잡아 몇 년 전부터 내한하는 연주자들이 꼭 들르는 도시. 성심당 빵으로 유명하고, 오래 일했던 출판사 동료의 고향이며 표지 디자인을 했던 임솔아 작가의 소설『최선의 삶』의 배경이라는 점이 내가 알고 있는 정보의 한계였다. 하지만 그것만으로도 충분히 도시에 대한 인상이 좋은데 심지어 탕수육을 먹으러 가다니, 설레지 않을 수 없다.

　서울에서 출발한 후 차가 막히지 않아 금방 도착했다. 톨게이트를 빠져나오자 도시의 얼굴이 하나둘 눈에 들어왔다. 그 지역 특유의 공기와 건물 색, 간판 크기 같은 것들이 나에게는 꽤 중요하다.

　태화장은 인쇄 골목 안쪽에 자리하고 있었다. 인쇄 골목은 내게 무척 익숙하다. 고향에 도착해 정겨운 가로수와 육교를 마주하고 마음이 울렁거리는 것처럼. 인쇄 골목의 중장비 기계, 전지 크기의 종이가 실린 팔레트, 일정한 속도로 울리는 기계의 소음과 잉크 냄새는 순식간에 편안함을 안겨 준다. 태화장이 인쇄 골목에 자리하고 있다는 사실만으로 호감은 반쯤 채워졌다.

　식당의 규모가 큰 편이라 주차장이 상당히 넓었다. 주차를 도와주시는 분이 나와서 능숙하게 친구의 주차를 도와주셨다. 태화장은 1954년에 오픈한 중식당으로 외벽에는 '백년가게' 팻말이 붙어 있다. '백년가게'는 30년 이상 명맥을 유지하면서 사랑받는 점포를 중소벤처기업부에서 주도해 선정하는 곳이다. 얼마 전부터 유튜브를 통해 식당을 소개하며 뜻밖의 인기를 모으고 있는 발라드 가수가 방문해서 더 유명해졌다.

  일부러 점심시간을 살짝 피해 방문했기 때문에 손님이 많지는 않았다. 브레이크 타임이 긴 곳이라 왠지 장사가 더 잘되는 맛집처럼 느껴진다. 곳곳에 자리잡은 사람들의 테이블 위를 흘끔흘끔 보며 무슨 메뉴를 시켰는지 살폈다. 무난하게 자장면을 먹는 테이블이 많았고 군만두도 드문드문 보였다. 자장면과 짬뽕을 놓고 항상 고민하지만 이번에는 탕수육과 잡채밥을 선택했다. 멀리까지 왔는데 두 개의 메뉴로는 아쉬울 것 같아 군만두도 시켰다. 튀김에 튀김이라니, 다소 과한 조합이라는 걸 알면서도 군만두가 궁금해 어쩔 수 없었다. 양이 많을 것 같았지만 음식은 푸짐하게 시키는 편이 좋다. 음식이 부족한 것만큼 서운한 일도 없으니 말이다. 넉넉하게 시켜서 배부르게 먹는 큰 마음. 혼자서는 조금 모자라도 상관없지만 동행이 있을 때는 더욱 그렇다. 남은 음식은 포장을 하면 되니까.

  태화장의 탕수육은 겉보기에는 걱정이 앞섰다.

튀김옷이 어두운 편에 윤기도 없어서, 입천장이 까지도록 바삭하게 튀겨진 건 아닐까 싶었다. 하지만 한 입 베어 물자, 전혀 다른 식감이 펼쳐졌다. 포근하고 바삭했다. 담백한 고소함이 입안을 장악한다. 튀김 자체로 무척 맛있어서 소스를 찍지 않고 고춧가루와 간장을 1 대 1 비율로 섞은 간장소스에 찍어 여러 번 집어먹었다. 나는 고기튀김만 따로 파는 중국집에서 단 한 번도 그 메뉴를 시켜본 적이 없다. 소스를 얹지 않은 고기튀김은 언제나 어딘가 짝이 없는 양말처럼 느껴졌기 때문이다. 그런데 태화장의 탕수육을 먹으며 생각이 바뀌었다. 육질이 좋은 고기를 정성 들여 튀겨낸 이곳의 튀김은 입안을 충족시키는 포만감과 함께 혀 안쪽에 당도하는 간이 딱 맞았다. 일명 간귀, 귀신같이 맞춘 튀김의 간이다. 매력적이라는 생각이 들었다. 애주가라면 고량주를 시키지 않을 수 없는 맛이다.

 소스는 기대했던 정도의 단맛과 신맛이 균형을 잘 잡고 있다. 짙은 색을 띠고 있는데 케첩은 들어가지 않았다. 묵직한 맛이다. 목이버섯도 넉넉히 들어 있다. 어릴 적에는 이 검고 흐물흐물한 재료가 뭔지 몰라 젓가락으로 밀어두곤 했는데 지금은 목이버섯이 몇 개 안 보이면 섭섭할 정도로 좋아한다. 그런데 태화장은 인심이 좋은지 목이버섯을 싸우지 않고 먹을 수 있을 정도로 넉넉히 넣어준다.

배가 차자 주변이 시야에 들어왔다. 오래된 중국집 특유의 기세가 느껴졌다. 중국집은 말로 설명할 수 없는 에너지가 있다. 대륙의 에너지랄까. 화장실에 가기 위해 홀 안쪽으로 들어가자 또다른 홀이 나왔다. 도대체 어디까지 이어지는 걸까 가늠이 안 될 만큼 큰 식당이었다. 음식으로 이렇게 큰 규모를 일궈낸 것은 정말이지 대단하다.

넥타이 차림으로 혼자 자장면을 먹는 직장인, 달큰하게 취해 멘보샤를 사이좋게 나눠 먹는 아저씨들, 학생들과 탕수육을 나눠 먹다가 자장면이 나오자 바삐 젓가락을 움직이는 교수님. 그 모든 풍경이 정겨웠다. 음식을 기다리는 얼굴, 한 입 먹고 행복해하는 표정, 말없이 미소 짓는 얼굴. 이 공간에 흐르고 있던 건 아마도 음식의 온기였고, 그 온기는 결국 '행복'이라는 이름의 에너지겠지.

【 21 】
일의 시작과 마무리

서울시 중구 퇴계로 ◎ 태화루

 최근에 마감한 책의 감리를 보기 위해 충무로에 있는 인쇄소로 향했다. 세번째 방문하는 인쇄소다. 단행본을 찍을 때는 주로 파주에 있는 곳으로 갔기 때문에, 서울 도심 속 인쇄소는 아직 어딘가 낯설다. 파주 인쇄소에 갈 때는 차창 밖으로 강가의 갈대밭이나 철새를 구경하며 길을 달렸고, 주변 풍경은 언제나 허허로운 공터와 낮은 건물들뿐이었다. 충무로는 그와 정반대다. 좁은 골목, 다

닥다닥 붙은 간판들, 쉴 새 없이 오가는 사람들. 모든 게 새삼스럽다.

이른 아침이라 몸이 덜 풀렸고, 전날부터 긴장을 해서인지 입꼬리를 억지로 올려보다가 경련이 날 뻔했다. 디자이너는 마감을 했다고 일이 끝났다 말할 수 없다. 마감 후 인쇄 감리가 있기 때문이다. 인쇄기 앞에 서기 직전까지도 마음은 계속 덜컥거린다. 내가 보낸 데이터에 실수가 있지는 않을까, 인쇄물에 예상치 못한 문제가 생기지는 않을까. 디자이너의 마음은 늘 그 어정쩡한 끝맺음 위에 걸쳐 있다.

인쇄기에서 흘러나오는 익숙한 노래는 의식하지 않아도 언제나 속으로 따라부르게 된다. 인쇄를 맡은 기장님이 실력자라 그런지 인쇄 감리를 척척 도와주셨다. 긴장이 풀리자 금세 허기가 돌았다. 이른 점심을 먹기로 하고 근처 중식당을 둘러보다가 '태화루'라는 간판을 발견했다. 맛있음이 틀림없는 디자인의 간판. 중국집을 선택하는 기준에 간판 디자인의 비율이 12퍼센트 정도 차지한다. 태화루의 간판은 멋내지 않았지만 강력한 맛집의 냄새를 물씬 풍긴다.

  문을 열고 들어가자 우리가 첫 손님이었다. 왼쪽은 신발을 벗고 올라가 앉는 좌식 테이블이고 오른쪽은 의자에 앉는 테이블이다. 점심시간에는 신발을 벗고 앉는 자리보다 의자에 앉는 자리가 더 좋다. 홀을 지키던 남자 사장님이 스트레칭을 열심히 하고 계시다가 우리를 보고 멋쩍게 인사를 건넸다. 본격적으로 일을 시작하기 전에 몸을 푸는 태도. 본인이 책임지고 있는 일에 대한 마음가짐이 느껴졌다.

  메뉴판에는 손으로 붙인 가격 스티커가 여기저기 덧대어 있었다. 손이 자주 간 흔적, 조금씩 조정된 가격, 흔한 중국집의 모습이다. 메뉴판에 '탕수육 소'가 있다는 게 반가웠다. 우리는 작은 탕수육 하나와 식사 메뉴 하나를 골랐다. 그 조합이 두 명에게 가장 적당하다. 주문을 마치고 열려 있는 문 밖을 보고 있자니 이곳은 음식에 사랑을 듬뿍 얹어서 동네 사람들과 나눴겠구나 하는 생각이 들었다. 조용한 골목, 외지 사람에게는 정보가 부족했을 과거에는 건너편에 있는 1980년대에 지어진 목정아파트와 충무아파트 주민들의 발길이 주를 이뤘을 테고 그들의 발길을 사로잡기 위해서는 정직하고 성실한 맛을 고수해야 했을 것이다.

  태화루의 탕수육은 역시 정직한 맛이었다. 중간 사이즈의 고기를 감싼 튀김옷이 날개를 단 듯 입안을 가볍게 날아다닌다. 반전 없이 맛있는 탕수육 덕분에 맞은편에 앉은 일행과 눈이 작아지도록 웃었다. 맛있는 음식을 입에 넣은 첫입의 순간은 언제나 이렇게 행복하다. 바삭한 튀김옷 아래 숨겨진 찹쌀옷은 씹으면 씹을수록 기분이 좋아진다. 식감의 레이어링layering. 상반되는 식감의 조화는 입안을 즐겁게 만든다. 소스에 섞인 제법 큰 사이즈의 흰 배추를 입에 넣었다. 슴슴한 배추의 맛이 소스와 어우러져서 자꾸 손이 간다.

  단무지 옆에 무심하게 놓인 생양파를 춘장에 찍어 한 입 먹었다. 어렸을 때는 생양파를 먹는 어른들이 신기했는데 시간이 지나고 보니 내가 그 신기한 어른이 되어 있었다. 생양파로 입안을 리셋한 내가 이 매력적인 탕수육을 계속 먹을 수 있을 것 같다고 생각할 무렵 간자장이 나왔다. 유난히 하얀 면이 눈에 띄었는데 첨가제를 넣지 않은 면이라는 확신이 들었다. 보통은 면이 쉽게 퍼지지 않게 하거나 쫄깃한 식감을 더하기 위해 첨가제를 넣기도 하는데, 그러면 면 색깔이 노란 경우가 많다. 태화루의 면이 하얀 건 아마도 첨가제를 넣지 않았다는 뜻일 테고, 그만큼 면에 대한 자신감이 있다는 뜻이기도 할 테다. 탱글하고 쫄깃한 동시에 부드러운 면발. 함께 나온 소스의 재료가 유독 잘게 잘려 있는 것을 보니 자주 찾는 어르신들에 대한 배려라는 생각이 스친다. 달지 않은 소스도 면과 잘 어울린다.

다시 한번 사장님의 몸짓을 떠올렸다. 재료를 다듬고 칼질을 하고, 웍을 돌리는 요리사는 몸을 던져 일하는 사람이다. 자신의 몸짓을 책임지기 위해 가다듬고 단련하는 사람. 그 마음을 닮고 싶었다. 내 몸을 통해 완성되는 책을 위해.

【 22 】
엉킨 일은 뒤로하고

서울시 중구 남대문시장길 ◎ 홍복

 본문 조판 작업을 끝낸 지 하루가 채 지나지 않아 판형을 바꾸겠다는 연락을 받았다. 판형이란 책의 크기를 일컫는 말인데 디자인 작업을 시작하기 전, 편집자와 디자이너가 함께 상의해 정하는 것이 일반적인 순서다. 이미 400쪽이 넘는 본문 텍스트를 정해진 판형 안에 흘려넣고 위계를 잡고 정렬하고 여백을 조율한 긴 시간의 노동이 끝난 상태였다. 잘못된 방식이라는 것을 명확히 전달은

했지만 화를 내지는 않았다. 결국, 내가 해야 할 일이라는 걸 알고 있기 때문이다. 요즘은 그런 일이 생겨도 화를 내기보다 감정을 잘 다스리는 쪽으로 마음이 기운다. 속상함을 오래 붙잡고 있기보다 손을 바삐 움직이는 편이 진짜 나를 위한 방법임을 알기 때문이다. 그리고 지난한 작업 끝에 고생한 나를 위한 탕수육이 기다리고 있다는 것. 그걸로 충분하다.

작업실에 늦게까지 머무를 생각에 이른 저녁을 먹기 위해 밖으로 나섰다. 퇴근 시간 전이라 남대문시장 초입에 있는 '홍복'에 사람이 많지는 않을 것 같아 서둘러 신호등을 건넜다. 건너편에서도 보이는 높은 건물 벽에 붙은 간판의 빨간색이 멀리서도 눈에 띈다. 가까이 다가가자 굉장한 디자인의 간판이 걸려 있다. 나라면 생각해보지 못했을 스타일의 타이포그래피 조합이 재밌어서 한참을 쳐다봤다. 마치 상하이 뒷골목 어귀, 유흥가 근처에서 마주칠 법한 이국적이면서 주목도 높은 과감한 스타일이라 문을 열고 들어가기에는 용기가 필요했다.

혼자서 밥을 먹기 시작한 건 고등학생 때 등교하기 전 새벽같이 일어나 교복을 입고 우거지해장국집에 들어가 "선지 빼고 하나요!"를 당차게 외치고 한 그릇을 비우던 시절부터니 꽤나 익숙하다. 하지만 중국집에 들어서는 건 여전히 작은 민망함을 견뎌야 한다. 그중에서도 규모가 크고 단체 손님이 주로 찾는 분위기의 중국집일 경우에는 더더욱 민망함을 견디는 것이 큰 일이 된다.

문을 열고 가게 안으로 들어섰더니 1층 계산대를 지키는 남자 직원이 위층으로 올라가라고 손짓한다. 1층의 왁자지껄한 분위기보다는 낫겠다 싶어 서둘러 2층으로 올라갔는데 안내받은 곳은 계단 앞 에어컨 옆에 놓인 자리로 정말 딱 한 사람만 앉을 수 있는 테이블이었다. 이럴 때가 '혼밥러'가 초라해지는 순간이다. 자주 가는 평양냉면집에도 이런 비슷한 자리가 있다. 입구 옆, 유리문 밖으로 길게 늘어선 손님들의 시선을 견디며 식사를 해야 하기 때문에 민망함을 견딜 수 있는 힘이 필요한 자리다. 그래서 그곳에 앉을 경우 '민망 비용'으로 식대의 50퍼센트를 할인해준다고 알려져 있다. 나는 아직 그 자리에 도전해본 적은 없어서 진짜 50퍼센트를 할인받을 수 있는지는 모르겠지만.

홍복에서 안내받은 자리도 못지않게 민망 비용 할인을 적용해줘야 할 만한 자리라고 생각했지만 그런 안내는 없었고, 다른 자리에 앉겠다는 말을 할 용기도 없던 나는 그냥 주어진 자리에 앉았다. '음식이 맛있다면 민망함따윈 괜찮아!'를 외치며.

홍복의 탕수육은 뽀송뽀송하고 연한 노란빛을 띠는 튀김옷이 특징이다. 크기가 제법 큰데 첫입에 깨끗한 기름의 고소한 향이 입안에 강하게 퍼진다. 고기는 바짝 익히는 편이나 고기가 워낙 두툼하기 때문에 퍽퍽하지는 않다. 따로 나온 소스는 보기에는 평범하지만 입에 넣었을 때 생강 향이 강하게 번지며 반전 매력을 선보였다. 특히 생강 향은 튀김을 먹을 때 느끼함을 말끔히 씻어주는 역할을 했다.

입안을 가득 채우는 큼직한 고기와 폭신한 튀김옷이 주는 위로. 민망함을 극복하고 맛본 홍복의 탕수육은 오늘 한 최고의 선택이다. 이 정도의 만족감이면 오늘 하루는 괜찮은 편이지, 일의 뒤

엉킴 정도야 내가 풀어내면 되지. 다시 한 점. 조심스레, 기분 좋게 젓가락을 들어올렸다.

【 23 】
출장지에서 맛 탐방은 덤

부산시 동래구 충렬대로 ◎ 태백관

 함께 손을 맞추고 있는 프란츠 출판사가 부산의 서점에서 전시를 진행했다. 출판사의 정체성에 맞게 클래식 음악 관련 책과 굿즈를 독자에게 선보이고 이벤트도 진행하는 전시였다. 작업했던 책과 굿즈 들을 어떻게 전시하면 좋을지 머리를 맞대다가 직접 가서 디스플레이를 돕기로 했다. 물론 머릿속에는 부산 중국집을 떠올리고 있었다. 부산 여행을 가면 바다와 가까운 도시라서 해산물 위주의 음식을 먹었기 때문에 중국집은 생소했으나 분명 맛있는 탕수육을 찾을 수 있을 거라는 기대가 출장날이 가까워질수록 부풀어올랐다.

출장 일정을 마치고 이튿날, 탕수육 탐방을 위해 숙소에서 빠르게 짐을 챙겼다. 부산에 오기 일주일 전부터 어느 중국집에 들러야 할지 고민이 많았으나 동선과 리뷰, 영업시간 등을 꼼꼼히 살피고 삼박자가 고루 맞는 '태백관'으로 결정했다.

달리기가 일상이 된 후로는 여행지에서도 아침마다 달리기를 한다. 달리는 동안에는 걷거나 차를 타고 볼 때와는 전혀 다른 풍경이 눈에 들어온다. 지도를 보면서 루트를 짜고 직접 그 길을 밟으면 잠깐이나마 현지인이 된 듯한 기분도 든다.

해운대 바다를 따라 달리며 햇살을 마주했을 때는 하루종일 날씨가 좋을 줄 알았는데, 숙소로 돌아오는 길에 하늘이 갑자기 어두워지더니 비가 내리기 시작했다. 바다 근처 날씨는 역시 예상을 빗나갈 때가 많다. 우산은 있었지만 큰 비가 아니고는 우산 쓰기를 귀찮아하는 나는 대수롭지 않게 여기며 숙소로 향했다.

40분 정도 버스를 타고 이동하는 동선. 행여 내려야 하는 정류장을 놓치지 않을까 긴장을 풀지 않고 태백관으로 향했다. 식당 앞에 도착하자 문 앞에 놓인 철가방 여러 개가 눈에 들어왔다. 배달을 하는 집이었다. 요새는 배달 앱이 많이 발전해서 식당에서 자체적으로 배달을 운영하는 곳이 대부분 사라졌다고 생각했는데 오랜만에 은빛 철가방을 보니 반가웠다. 어렸을 때는 철가방 안에서 나온 투명 랩으로 감싼 따뜻한 멜라민수지 그릇을 받아드는 게 그렇게도 신이 났었다. 문을 열자 젊은 남자 직원이 신발을 벗고 들어가는 방 안쪽으로 자리를 안내했다. '태백관 아들인가?' 이유는 모르겠지만 그의 말투와 손짓에서 가업을 물려받았을 것 같은 안정감이 느껴졌다.

 메뉴판을 보던 중 '커플'이라는 글자가 눈에 띄었다. 소자보다 저렴한 가격인 것을 보니 더 작은 크기일 거라는 확신이 들어 커플 사이즈를 시켰다. 소자보다 작은 크기라 혼자서 먹을 수 있겠다고 생각했다. 조용히 카메라를 만지작거리며 음식을 기다리고 있는데 갑자기 근처에서 근무하는 공무원으로 보이는 여섯 명의 남자가 방 안으로 들어왔다. 방 안은 순식간에 시끌벅적해졌고, 신경 쓰지 않으려고 했지만 사투리가 섞인 현지인의 메뉴 선택 대화가 궁금해졌다.

"10만 원에 맞춰서 시켜야 합니더."

"그라믄 탕수육도 시키소."

"이리이리 시키믄 10만 원 맞제?"

아마도 예산이 정해져 있는 모양이다. 꽉 채워 주문을 맞추는 풍경이 재미있다. 옆 테이블에 잠시 한눈을 판 사이 내가 앉은 식탁으로 탕수육이 올려졌고 나는 입을 다물지 못했다. 어마어마한 양이었다. 심지어 군만두와 함께 큰 대접에 짬뽕 국물이 서비스로 나왔다. 내가 아무리 잘 먹어도 대식가는 아닌지라 식당에서 예상치 못한 '서비스'를 받으면 난감할 때가 있다. 고마움에 서비스를 다 먹어야 한다는 의무감과 그에 부응하지 못하는 작은 배 때문에 언제나 송구스런 마음으로 계산대로 향하기 때문이다.

태백관의 탕수육은 소스가 먼저 눈에 들어왔다. 케첩이 많이 들어간 붉은 소스. 탁한 소스 사이로 큼직한 파인애플이 보인다. 뜨거운 파인애플은 입에 넣었을 때, 분명 얼음은 있지만 미지근한 아이스 아메리카노를 먹는 것 같은 기분이 들어서 좋아하지 않는다. 그래서 누군가 하와이언 피자를 먹자고 하면 눈은 웃지만 입은 "죄송합니다"를 외친다. 그래도 탕수육 소스에 들어간 파인애플은 단맛과 새콤함을 고조시키는 역할을 한다. 식초나 설탕이 하는 역할과는 또 다르다.

튀김은 입천장을 위협할 만큼 바삭하다. 튀김 광고에서 들을 수 있는 바삭한 효과음의 정석 같은 소리가 첫입에 튀어나온다. 커지는 동공과 바빠지는 저작운동. 단맛이 조금 강해 소스를 반쯤 묻혀 먹으니 훨씬 나았다.

혼자 식당에 갔는데 사진을 찍어야 할 때는 사실 꽤 민망하다. 스마트폰 카메라로 찰칵거리는 소리를 내며 찍는 것보다 렌즈가 큰 DSLR로 찍는 게 확실히 눈에 더 띄기 때문에 주위에서 흘깃 쳐다보는 시선이 느껴진다. 더군다나 오늘은 좁은 방 안, 옆자리에는 음식이 아직 나오지 않은 빈 테이블을 앞에 둔 단체 손님이 있기 때문에 사진을 찍는 내가 더욱 눈에 띌 수밖에 없었을 것이다. 민망함을 무릅쓰고 사진을 마저 다 찍고 다시 먹는 데 집중했다.

단단한 편에 속하는 튀김옷은 식감을 중요하게 여기는 사람들에게 참 매력적이겠다는 생각이 든다. 짬뽕 국물에는 큼직한 양파와 오징어가 들어 있고, 맛은 얼큰하면서도 과하지 않다. '이 집, 서울에 있으면 좋겠다'는 생각이 절로 들었다. 가격 대비 양도 푸짐했고, 음식 맛은 정직했다. 인스타그램에 사진을 올리자마자 DM이 줄을 잇기 시작했다.

커플 사이즈의 탕수육은 혼자서 전부 먹기에는 많은 양이었다. 커플은 커플인 이유가 있는 것이다. 커플을 얕봤던 나는 패배하고 말았다. 절반을 겨우 먹고 조심스레 젓가락을 내려놓았다. 계산을 하기 위해 입구로 나왔더니 들어올 때 마주친 직원이 "혹시…… 블로거세요?"라고 묻는다. 부끄러워 얼굴이 빨개지는 게 느껴졌다. "아…… 아닙니다. 하하……" 책을 쓰고 있다고 말하지 못하고 나온 게 아쉬웠다. 언젠가 다시 찾아가 탕수육을 남김없이 먹고 책을 드리는 상상을 해본다. 부산에 다시 올 이유가 하나 더 생겼다.

【 24 】
레트로에 안전 한 스푼

부산시 중구 흑교로 ◎ 동화반점

 출장을 오면서 노트북을 챙겼다. 출장 중이라고 다른 업무를 하지 않는 건 아니다. 연락이 오면 곧바로 디자인 수정을 해서 피드백을 주기 위해 큰 가방에 짐을 보탰다. 출장에서 돌아와 해도 되는 일이지만 마음이 편하지가 않다.
 북디자이너는 마감이 있는 삶이라 "마감 후에는 뭐 하실 거예요?"라는 질문을 종종 받는데 마감 후에는 또다른 마감을 해야 한다. "휴가는 인

생 마감 후예요…… 하하"라고 자조 섞인 농담을 하는데 독립하고 나서는 정말이지 좀처럼 여유가 생기지 않는다. 그래서 탕수육을 자주 찾는다. 마음을 다독이는 음식이자 마감을 축하하는 나만의 마감식. 부산에 왔으니 두 끼는 탕수육을 먹어야 한다는 생각에 마음이 조급했다. 기차를 타기 전 '동화반점'으로 향했다.

동화반점으로 가는 길, 처음으로 부산의 지하철을 탔다. 좌석에 앉고 보니 서울 지하철보다 맞은편 좌석이 가깝게 느껴졌다. 물리적인 거리 때문인지, 부산이 가진 정서 때문인지 모를 일이다. 낯선 도시에서 느끼는 이 적당한 친밀감이 꽤 마음에 들었다.

보수동은 예전에 헌책방 골목이 있어서 찾았던 곳이다. 골목 사이로 자리잡은 수많은 헌책방을 구경하며 서가에서 보물을 찾듯 좋아하는 작가의 초기 작품이나 초판을 찾는 재미가 무척 좋아서 끼니를 놓치면서까지 머물렀던 기억이 있다.

몸통만 한 배낭을 메고 역에서 한참을 걸었다. 마지막 골목을 꺾어 돌자 동화반점이 보였다. 식당 바로 앞에는 파출소가 있다. 파출소 앞 중국집이라니, 정말 멋지다고 생각했다. 상상력이 뛰어난 나는 이런 상상을 한다. 강력반 형사들이 저녁에 모여 뜨거운 기름에 튀긴 요리를 고량주와 함께 푸짐하게 먹으며 자신의 영웅담을 한껏 자랑하는 영화의 한 장면 같은 모습.

이번에도 식사시간을 피해서 갔지만 1층은 이미 만석이라 2층으로 안내받았다. 입구에서 볼 때는 내부가 작아 보였는데 2층에는 단체 손님을 받을 수 있을 만큼 큰 원형 테이블이 있었다. 대학교 연구원처럼 보이는 사람들이 원탁에 둘러앉아 식사를 마무리하는 중이었다. 나는 창가 자리에 자리를 잡았다. 테이블 위에는 부산 최초의 중식당으로 1950년 광복동에 문을 열어 1987년 보수동으로 자리를 옮겼다는 식당의 역사가 적힌 메뉴판이 놓여 있었다. 부산 최초의 중국집이라는 자부심이 느껴졌다. 사용감 있는 나무 의자, 바랜 겨자색 벨벳 테이블보, 창틀까지 나무로 마감된 인테리어. 북유럽풍이나 미드센추리 인테리어가 넘쳐나는 요즘, 이 1980년대 한국 감성이 살아 있는 공간이 오히려 더 트렌디하게 느껴졌다. 따뜻한 차와 시원한 생수가 같이 나왔다. 가을은 둘 다 필요한 계절이다. 이런 세심함이 식당의 이미지를 결정한다.

동화반점의 탕수육은 내가 좋아하는 계열이다. 찹쌀이 살짝 섞인 얇고 바삭한 튀김옷, 속재료로 적양배추를 넣은 소스는 은은한 분홍빛을 띤다. 소스를 부은 상태로 나오는 탕수육의 경우 소스가 닿지 않은 튀김을 집어서 먼저 한 입 먹어본다. 그리고 곧바로 소스를 듬뿍 머금은 탕수육을 먹으면 다채롭게 즐길 수 있다. 동화반점의 탕수육 소스는 신맛이 강한 편인데 단맛도 강해서 입안을 황홀하게 만든다. 고춧가루를 넉넉하게 푼 간장 소스에 찍어 먹으면 아주 조화롭게 어울린다. 간장의 짭쪼롬함이 소스와 중화되어 혀가 즐겁다. 혀가 느낄 수 있는 모든 즐거움을 느끼는 순간이다. 소스에는 목이버섯, 아낌없이 들어간 양파, 큼직한 당근, 그리고 오이 대신 오이피클이 들어가 있다. 소스의 산미가 단순히 식초의 신맛이 아닌 감칠맛을 품고 있는 건 피클 덕분인 듯했다. 낯설지만 납득이 갔다.

탕수육을 제법 먹고 나니 이어서 나온 식사. 중국집은 늘 식사 타이밍을 절묘하게 맞춘다. 도대체 어떻게 그러는지 궁금할 정도다. 간자장의 면 위에 무심하게 올라간 채썬 오이와 달걀프라이가 호들갑 떨지 않는 푸짐한 인심으로 느껴진다. 식사를 마치고 괜히 한 번 더 파출소를 쳐다봤다. 오늘 점심식사는 굉장히 안전하게 했구나. 대한민국에서 가장 믿음직스러운 중국집이라면, 바로 이곳일지도 모른다.

【 25 】
자축의 한끼

경기도 파주시 지목로 ◎ 탕수육

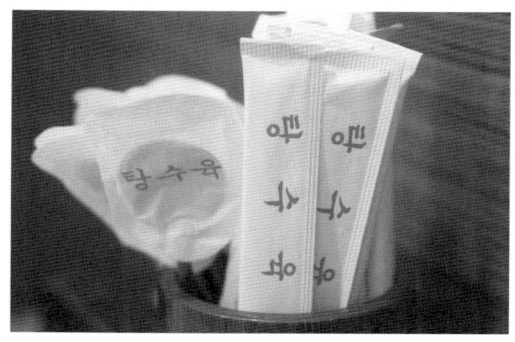

파주 출판단지에 위치한 출판사에서 2013년부터 2022년까지 근무했다. 경기도 산업단지 특성상 식사할 곳은 충분하지 않았고, 걸어서 10분 남짓한 거리의 몇 안 되는 식당들을 몇 년 동안 이용하다가 도시락 싸기에 도전했다가, 가볍게 먹기(감자, 고구마나 삶은 달걀, 전자레인지에 돌려 먹는 간편식 등)를 지나 다시 근처 식당에 가는 식의 점심 루틴을 몇 차례 반복하는 사이 10년 가까운 시

간이 흘렀다. 퇴사를 한 달 앞둔 시기를 제외하면 대부분 자차 없이 다녔기 때문에, 차로 15분 거리인 '지목로'의 맛집은 늘 멀게만 느껴졌다. 차가 있는 동료와 동행하지 않으면 갈 방법이 없었기에 더더욱 그랬다.

책을 만드는 일을 하며 "죽어서 나무 지옥에 갈지도 몰라……"라는 이야기를 동료들과 농담 삼아 자주 했는데 버려지는 종이와 폐기된 책무덤을 보면서 죄책감에 자주 시달렸다. 그런데 식당이 많은 거리 이름이 '지목로'다. 분명 한자로 된 거리명일 거라 생각해 정확한 표기를 확인하고자 파주시청 홈페이지와 거리 이름 한자 표기 웹사이트 등을 뒤지며 애를 썼으나 '지목로'의 한자 표기는 찾지 못했다. 하지만 분명 '종이 지紙'에 '나무 목木'을 쓸 거라는 확신이 있다. 위치가 출판단지 근처인데다 인쇄소가 많은 길이 때문이다. 일도 종이와 나무에게 빚을 지고 있는데 밥을 먹을 때도 종이와 나무에게 빚을 지고 있는 셈이다.

지목로 양쪽으로는 다양한 메뉴의 식당들이 줄지어 있다. 중국집과 한식뷔페, 감자탕, 만두, 돈가스, 생선구이, 부대찌개…… 그중 눈에 띄는 식당이 있는데 그게 바로 '탕수육'이다. 하얀색 정사각형 간판에 빨간색 궁서체로 '탕수육'이라는 세 글자가 큼지막하게 쓰여 있다. 자신감과 호기심을 동시에 자극하는 이 식당은, 파주 출판인이라면 아마 안 가본 사람이 없을 터. 항상 손님으로 북적이는 이곳은, 조금만 늑장을 부려도 웨이팅을 피할 수 없다. 다행히 메뉴가 탕수육, 자장면, 짬뽕 딱 세 가지뿐이라 테이블 회전율은 좋은 편이다.

자리에 앉아 주문하고 채 5분도 지나지 않아 음식이 나왔다. 빠른 조리 탓인지 투명한 소스에 존재감을 명확하게 드러내고 있는 채소들이 눈에 띈다. 튀김과 비슷한 크기의 길쭉한 당근과 양파, 오이와 함께 드물게 목이버섯이 있다. 단출하지만 꼭 필요한 재료는 모두 들어 있는 정직한 구성이다.

이곳에 온다는 건 곧 탕수육을 먹겠다는 의지의 표현이라, 식당 이름처럼 명확한 식사의 방향성이 늘 마음에 들었다. 대부분 다른 팀에서 근무하는 편집자와 왔었는데 마감과 인쇄 감리를 마치고 이번 책도 무탈히 잘 끝냈다며 고마운 마음과 자축하는 마음으로 식사를 하곤 했다. 책을 마감하는 날은 우리에게 축하하는 날이었던 셈이다. 물론 그후로도 해야 할 일이 남아 있기 때문에 완전한 마감은 아니었지만 하나의 산을 함께 넘었다는 수고를 격려하고, 서로에게 감사의 마음을 전하는 날. 출판 노동자들의 작은 축하의 날들이 모여 출판산업을 이루는 것이라고 생각하니 마감 후 축하를 조금 더 유난스럽게 해도 될 것 같다.

지금은 독립한 디자이너로 활동하기 때문에 파주와는 멀어졌지만 여전히 마감을 하고 파주 인쇄소로 감리를 가게 되면 어김없이 마감식으로 함께 했던 '탕수육'의 탕수육을 떠올린다. 역시 마감식으로 손색없는 훌륭한 메뉴 선택이다. 출판단지를 드나들 일이 줄어든 지금, 더는 지목로에 빚지지 않아도 되는 일이 다행스러우면서도 조금 아쉽다. 한편으로는 앞으로도, 맛있는 기억은 계속 빚지고 싶다는 생각도 든다. 종이와 나무에 진 빚은, 더 부끄럽지 않은 책을 만드는 일로 갚아나가야겠다고 조용히 마음을 다잡았다.

【 26 】

팀워크

서울시 성북구 고려대로 ◎ 안동반점

 영감은 어디서 얻는지에 대한 다소 낯간지러운 질문을 종종 받는다. 디자이너라면 창의적인 일상을 보내면서 색다른 자극을 받으며 그것을 작업물에 녹일 것이라는 생각을 많이 하는 것 같다. 예전에는 나 또한 그렇게 생각했다. 시각 작업물을 많이 보고, 영감을 얻을 만한 공간에 가고, 그리고 모니터 앞에 앉아 있으면 색다른 결과물을 만들 수 있을 거라고. 하지만 지금은 자극적인 뭔가를 하기보다, 모니터 앞에 온종일 앉아 있기보다 일상을 잘 꾸려나가려고 한다. 자연을 만나고, 신체를 단련하고, 일상을 잘 가꾸면 몸과 머리가 좋은 작업물로 자연스레 이끌어준다. 특히 청명한 가을 날씨에는 계절의 혜택을 누려야 한다. 바람과 나무와 하늘을 온몸 가득 받아들여야 좋은 방향으로 갈 수 있다고 믿는다. 그래서 작업실을 박차고 나와 무작정 성북동으로 향했다.

성북구 중국집의 강자, '안동반점'에 대한 소문은 오래전부터 들어왔다. 그 덕분에 기대를 한껏 품고 안암동으로 향했다. 주차장이 따로 없는 식당이라 성북구청에 차를 세우고 걸었는데 주변 아파트 단지와 천川을 따라 산책로가 잘 정비되어 있어 조용하고 살기 좋은 동네임을 단번에 알 수 있었다.

날씨가 좋아 걸음을 서두르지 않았는데 멀리서부터 심상치 않은 기운이 느껴졌다. 조급해진 마음으로 달려가자 식당 앞은 이미 사람들로 북적거렸고 건물 주변 산책로 화단에는 엉덩이를 진득하게 붙이고 앉아 오랜 시간 기다린 듯한 사람들도 여럿 보였다. 대기 명단을 보니 무려 8팀이 앞서 있었다. 10월의 선선한 날씨 덕분에 기다리기로 마음을 먹고 이름을 적은 뒤 산책로 한쪽에 자리를 잡았다. 일부러 식사시간을 피해 3시에 맞춰 간 터였다. 브레이크 타임 없이 영업하지만, 재료가 소진되면 일찍 닫는 집. 얼마 전 유튜버 쯔양이 다녀갔다는 사실을 그제야 알게 됐다.

"유튜버 쯔양 알아요?"

"쯔양? 음식 이름이야?"

"아뇨, 음식을 많이 먹는 먹방 유튜버인데 구독자가 천 만 명이 넘어요."

"그래…… 유명한 사람인가보네……."

동행한 엄마에게는 쯔양보다는 라스트 오더 시간인 4시 20분 전에 들어 갈 수 있는지가 더 중요했다.

"4시까지만 들어가면 됐지, 뭐."

그렇게 웃으며 마음을 다잡았다.

대기한 지 50분이 지나서야 식당 안으로 들어갈 수 있었다. 크지 않은 내부. 테이블마다 탕수육이 올라와 있었다. 평이 좋은 잡채밥과 탕수육을 주문하고 가게를 둘러봤다. 작고 빼곡한 내부를 바쁘게 종횡무진하는 두 명의 남자 직원. 둘은 꼭 2인3각을 하는 선수들 같았다. 테이블 간격은 좁지만 서로 적당한 거리를 유지한 채 손님들의 요구에 척척 답을 하면서 주방에서 나오는 음식을 지체 없이 서빙했다. 그 와중에 식사를 마친 손님이 계산대에 도착하기도 전에 재빠르게 계산대로 달려갔다. 합이 어찌나 잘 맞는지 서로 어떤 대화도 하지 않았지만 얼마나 오랜 시간 함께 일했는지 내공이 느껴졌다.

10년을 한 출판사에서 일했던 나는, 공기와 숨결만으로도 서로를 이해하던 동료들의 감각을 잘 알고 있다. 혹시 내가 놓친 부분이 있으면 귀신같이 알아차려 채워주던 사람들. 긴말을 하지 않아도, 공기와 숨소리만으로도 상대방이 무엇을 원하는지 알 수 있었다. 그런 존재가 얼마나 소중한지 나는 안다. 손님이 끝없이 줄지어 있는 안동반점의 내부가 고요하고도 정확하게 운영되고 있는 가장 중요한 이유는 바로 이 두 사람의 합슴 때문이었다.

그중 한 명이 수북이 담긴 탕수육 그릇을 들고 우리에게 다가왔다. 우선 푸짐함에 한 번 놀라고 자주 볼 수 없는 붉은 소스에 또 놀랐다. 케첩이 많이 들어간 소스. 소스 사이사이로 다소 단단해 보이는 튀김이 눈에 들어왔다. 안동반점의 탕수육은 잠이 확 깰 정도의 단맛이 특징이다. 입안이 얼얼해질 정도의 단맛과 와그작 소리가 어금니에서 새어나오는 튀김옷. 요즘 유행하는 탕후루가 이런 맛일까? 몇 개를 연달아 먹자 혀끝이 탕후루처럼 설탕에 절여지는 기분이 들었다.

 이어 나온 잡채밥은 잡채와 함께 흰 쌀밥이 아닌 볶음밥이 나왔다. 탱글하게 잘 볶은 당면이 반갑다. 달지 않은 맛을 느끼고 싶어 잡채밥을 입안 가득 넣었더니 그제야 혀가 평안함을 되찾는다. 불맛이 입안을 감싸는데 이 불맛을 뒤따라오는 고추기름의 매콤함이 한몫 더해 잡채밥 인기가 많은 것 같다. 식사 메뉴지만 술안주로도 완벽하다. 뒤늦게 안동반점의 리뷰를 보니 탕수육의 단맛에 대한 호불호가 제법 있었다. 가끔은 이렇게 개성 있는 집도 있어야지. 모두가 비슷한 맛을 낸다면 인생의 재미는 절반으로 줄어들 것이다.
 다시 한번 탕수육을 입에 넣었다. 소스가 묻은 채로 시간이 꽤 지났음에도 튀김은 와그작 소리를 냈다. 턱 근육이 슬슬 뻐근해질 무렵 눈길은 다시 그 두 직원에게 향했다. 그들은 여전히 말은 없었지만 서로 눈이 마주쳤을 때 살짝 입꼬리를 올리며 웃었다.

【 27 】
가게를 이어가는 마음

서울시 성북구 성북로 ◎ 옛날 중국집

 디자이너로 산다는 건 시각적인 것에 지독히 개인적인 취향을 갖게 된다는 것을 의미하기도 한다. 식당 간판도 예외는 없다. 나에게는 맛집의 기운이 느껴지는 간판을 가려낼 수 있는 능력이 있는데 조건은 이렇다. ①이름이 길 경우 같은 계열의 서체를 썼을 것(부리와 민부리를 같이 쓰면 안 된다). ②세 가지 이상의 컬러를 조합하지 않았을 것. ③간판에서 시간의 흔적이 느껴질 것. ④너무

쨍한 흰색이 아닐 것…… 사진으로 봤을 때 '옛날 중국집'의 간판은 디자이너로서 시각적 만족감과 더불어 위의 조건에 들어맞는 디자인이었다.

성북동의 오래된 중국집 '옛날 중국집'. 이름에 '옛날'이라는 단어가 들어가 있다는 이유만으로도 괜히 믿음이 갔다. 유난히 낮은 건물들 덕분인지 목가적인 풍경을 자아내는 동네. 천천히 걸어서 골목 안으로 들어섰을 때, 그 풍경과 식당의 외관이 묘하게 잘 어울렸다. 간판과 창문에 쓰인 '45년 전통'이라는 문구를 보고 고개를 갸웃했다. 대체 어느 시점을 기준으로 45년일까. 그 옆으로 시선을 옮기니 절로 미소가 번졌다.

"나는 성북동이 너무 좋아요. 내가 여기 이사와서 어렵게 가계를 꾸렸으니까. 내 역사가 이 마을에 다 있으니까 좋아요."

사장님의 글귀와 부부 사진이 함께 걸려 있다. 어렵게 '가계'를 꾸려낸 시간. 그래서 좋아하는 동네, 그래서 '가게'를 이어가는 마음. 동네 음식점이란 결국 그런 것이다. 마을에 빚진 마음을 맛으로 갚아가며, 서로를 보듬는 방식으로 관계를 이어가는 일. 나는 이 동네에 어떤 지분도 없지만, 이 식당 안에 들어서면 잠시나마 따뜻한 동네 주민이 될 것이다. 그런 마음으로 경쾌하게 문을 열었다.

실내는 소박한 동네 중국집의 전형적인 분위기다. 혼자 왔다고 하자 벽을 마주한 카운터 자리로 안내해주었다. 혼자 식사할 때 벽을 보고 앉는 것은 오히려 민망함을 줄여주는 방식이 되기도 하니까 썩 괜찮은 자리다. 벽에 붙은 안내문이 눈에 들어왔다. "할머니, 할아버지께서 음식을 조리하고 계십니다. 재촉하지 말아주세요." 최근 들어 손님이 몰리면서 꽤나 분주한 상황이 자주 벌어졌을 테고, 그런 상황이 나이 지긋한 부부 사장님에게는 고단한 날로 이어졌겠구나 싶었다. 안내문 옆으로 유명인들의 사인이 붙어 있었기에 그 사연을 쉽게 유추할 수 있었다. 동네에서 소박하게 운영하고 있는 오래된 식당이 갑자기 유명세를 얻으면 노년의 주인장들은 영문도 모른 채 고단함을 온몸으로 맞이해야 하는 경우가 있다. 어쩌면, 장사가 잘되는 것보다 그저 평온하게 일상을 유지하는 것이 그분들이 더 바라는 일은 아닐까, 문득 그런 생각이 들었다.

웍을 돌리며 탕수육 볶는 소리가 가까이서 들린다. 가마솥 확鑊 자를 쓰는 웍wok은 크기와 무게 때문에 화구에 올려놓고 빠르게 돌리는 데 상당한 힘과 기술이 필요하다. 그래서 '웍질'이 아니라 '웍work질'이라는 우스갯소리가 있을 정도로 웍을 다루는 것은 체력적으로 힘에 부치는 일이다. 그래서인지 중식 요리사는 은퇴를 빨리한다는 얘기까지 있다. 식당 앞에서 본 사장님의 얼굴을 떠올리니, 이 묵직한 소리가 왠지 더 애틋하게 들린다.

기다리던 탕수육이 등장하자마자 절로 탄성이 나왔다. 잘게 채 썬 양배추에 케첩을 뿌린 옛날식 '사라다', 마치 시장 통닭 같은 비주얼의 큼직한 튀김은 처음 보는 스타일이기도 하고, 양도 푸짐하다. 튀김옷에서 기름이 지글거리는 소리가 한참 동안이나 이어졌다. 튀김 크기에 놀라 어떤 것부터 집을까 요리조리 살폈다. 긴 고민 끝에 한 점을 집어 입에 넣자 와그작 하는 굉장한 소리와 함께 두툼한 고기가 혀를 맞이한다. 거대한 튀김옷 사이사이에 찹쌀층이 쫀득하게 숨어 있어서, 먹기 전부터 기대되던 식감이 충분히 전달됐다. 이 동네에 살았다면 치킨 대신 옛날 중국집의 탕수육을 더 자주 먹었을 거라는 생각이 들었다. 소스 안에 들어간 채소는 풍성하진 않다. 두어 개의 목이버섯, 오이 몇 조각, 그리고 양파는 있는 듯 없는 듯. 그래도 이 튀김의 포스 앞에서는 딱히 다른 재료가 그립지 않다.

면도 밥도 같은 탄수화물이지만 '밥을 먹어야 식사'라는 한국인다운 정서에 맞게 볶음밥을 시켰다. 밥 위에 올라간 달걀프라이와 자장소스를 곁들여 야무지게 한 숟가락 크게 떠 입에 넣었다. 기름에 고슬고슬하게 코팅된 밥알이 달고 짭쪼롬한 자장소스와 어우러져 완벽한 마무리로 충분하다는 생각이 들었다. 다시 한번 한 숟가락 크게 떠서 입안 가득 천천히 오물오물 씹었다. 어떤 음식은 입안 가득히 넣어서 씹어야 그 맛이 더 살아날 때가 있다.

눈앞에 유명 유튜버의 사인이 유난히 진하게 보였다. 최근에 다녀간 모양이다. 그는 양으로 승부 보는 타입인데도 그가 가는 식당마다 맛집 인증처럼 사인이 걸리는 게 부러웠다. 내가 가는 탕수육 집에도 내 사인이 걸린다면 사인 밑에는 "여러분 탕수육 시키세요"라고 적어야지. 상상을 하다가 탕수육을 다 비웠다. 오늘 비운 접시가 사장님에게 뿌듯함으로 남으면 좋겠다.

【 28 】
완벽한 하루의 마무리

서울시 강남구 봉은사로 ◎ 대가방

 강남의 작은 갤러리에서 만족스러운 전시를 봤다. 선으로만 그림을 그리는 작가의 이번 전시는 숲과 나무를 주제로 한 작품들이 주를 이뤘다. 나무 같은 형태의 사람들이 서로 기댄 그림 앞에 한참을 서 있었다. 작가가 메모장에 낙서하듯 남긴 짧은 글귀를 여러 번 읽었다. 숲속에서 나무의 경이로움을 느끼고 돌연 외로워하는 그의 솔직한 감정이 전달돼 1인 작업자로서, 그리고 자주 자연에 빚지는 인간으로서 동질감을 느꼈다.

  인하우스 디자이너로 일할 때는 사람들에게 받는 스트레스가 고민이었다. 대체로 웃으며 잘 지냈지만 그건 많은 부분 서로가 참기 때문에 유지되는 관계였다. 그때는 사람들과 멀어지면 괜찮을 줄 알았는데 독립을 한 지금 혼자 작업하는 대부분의 시간이 편하기도 하지만 되레 그 시절의 동료들이 많이 그립기도 하다. 같이 일하고 있다는 감각은 더 일하게 하고, 더 신나게 한다. 그래서 그 감각을 잊지 않기 위해 협력하는 작업자들과 자주 얼굴을 보려고 한다. 일하는 사람에게 가장 중요한 것은 일하고 싶게 만드는 기분이 아닐까.

  갤러리 밖으로 나오니 눈이 펑펑 내렸다. 공식적인 첫눈은 한 달 전에 이미 내렸지만, 그때는 양도 적었고, 나는 실내에 있었다. 그래서 첫눈이라고 부르기 싫었다. 오늘은 밖에 있고, 눈을 온몸으로 맞았으니 내 마음대로 첫눈이라 부르기로 했다. 친구 두 명에게 유명한 중국집에 가자고 말했다. 이번에도 '서울 3대 탕수육' 중 하나라는 수식어를 덧붙였다. 일행 모두 '대가방'은 처음이라고 했고, 차를 타고 이동하는 내내 들뜬 표정이었다. 연말이라 그런지 도로는 평소보다 부쩍 붐볐다. 늘 막히던 길이지만 오늘만큼은 도로 위 수많은 자동차가 밝히는 후방등을 크리스마스 장식이라 생각하니 그마저도 따뜻하게 느껴졌다.

대가방은 원래 논현동의 단층 건물에 있었다. 단독으로 건물을 쓰면서 앞마당까지 주차장으로 두었던 규모를 생각하면, 매출이 얼마나 높은 곳이었는지 짐작할 수 있다. 안쪽으로 깊은 구조였는데 언제나 모든 테이블마다 대가탕면과 탕수육이 빠지지 않았다. 나도 한때 종종 찾아갔지만, 위치가 멀어 잊고 지낸 지 오래였다.

새로 문을 연 대가방은 상가 건물에 있었다. 주차 전용 구역과 주차 도우미도 있었다. 시스템이 잘 갖추어져 있다고 생각하며 엘리베이터를 타고 올라갔다. 상가 건물이라 예전 같은 웅장함은 덜했지만 입구부터 매체 노출 이력이 무수히 붙어 있어서 식당의 유명세만큼은 여전한 듯했다. 사용감 없이 반짝거리는 인테리어와 테이블, 의자. 하지만 조도가 낮은 편이라 차분한 분위기다.

서울 3대 탕수육집의 특징은 세 곳 모두 탕수육을 '볶아서' 낸다는 것이다. 다 같은 부먹 아니냐 묻는 이도 있겠으나, 단순히 소스를 튀김 위에 붓지 않고 볶았음을 알 수 있는 건 튀김의 모든 면에 소스가 골고루 코팅되어 있기 때문이다. 웍 안에서 튀김이 소스를 입고 굴러야 나올 수 있는 모습이다.

탕수육은 유독 소스에 얽힌 논쟁이 많은데 중식조리기능사 실기시험에서 "탕수육은 소스를 끓이던 팬에 튀김을 넣고 버무리는 것"이라고 정의하고 있기 때문에 사실 탕수육은 소스와 함께 튀김을 볶는 음식인 것이 맞다. 그렇지만 음식은 어디까지나 취향이다. 누구나 다양한 방식으로 즐길 수 있다. 그러다보니 부먹이냐 찍먹이냐 이게 논쟁거리가 될 만한 일인가 갸웃하게 된다. 붓든 찍든 볶든 간에 자신에게 맞는 맛을 찾아 먹으면 그만이다.

다만 볶아낸 탕수육은 조리가 조금 까다롭고 기술이 더 필요하다. 튀김에 소스를 흠뻑 묻히는 게 아니라 얇게 코팅하는 방법은 고기의 질이 좋고 냄새가 나지 않아야 한다. 소스의 달고 신맛으로 질이 낮은 고기를 감출 수 없기 때문이다. 질 좋은 고기를 쓰면 굳이 튀김옷을 저렴한 재료로 만들지 않는다. 좋은 재료를 손님에게 내고 싶은 마음은 요리인에게는 중요한 덕목일 테니 분명 조금 더 좋은 전분으로 튀김옷을 만들게 된다. 그렇기 때문에 한층 더 맛 좋은 탕수육이 완성된다. 볶먹 탕수육이 서울 3대 탕수육이 될 수밖에 없는 이유다.

  대가방의 탕수육은 풍성한 건더기를 내세우지는 않는다. 대신 코팅 잘된 튀김이 백열등 조명을 받아 유독 윤기가 돈다. 매끈한 겉면 덕분에 혀에 닿는 감촉이 좋다. 동행인 모두 탕수육에 만족스러운듯 "맛있다"를 연발하며 젓가락질이 바빠졌다. 차만 아니면 맥주를 시켰을 거라며 아쉬움을 나눴다. 탕수소스를 넣고 볶은 튀김옷의 바삭함을 튀김옷만 바삭했을 때와 비교하면 확실히 소스에 볶아낸 튀김옷이 훨씬 다채로운 식감과 행복감을 가져다준다. 단단하지만 가볍고, 촘촘하지만 지루하지 않은 식감. 연말처럼 반짝이는 시즌에는 이런 화려한 맛이 더 어울리는지도 모르겠다.

친구 중 한 명은 오늘 시킨 음식 중에 어떤 메뉴가 제일 맛있었는지 골라보라고 말해놓고 정작 본인이 가장 심각해졌다. 진지하게 고민하던 친구는 탕수육이 너무 맛있어서 일을 끝낸 저녁에 대가방에 혼자 와서 치킨에 맥주 대신 탕수육에 맥주를 하고 싶다는 결론을 내렸다. '치맥'이 아니라 '탕맥'이라니, 하루의 완벽한 마무리라고 생각했다.

【 29 】
단단해지기

서울시 종로구 자하문로 ◎ 중국

어제는 무서운 꿈을 꿨다. 초판 2만부짜리 책을 인쇄하게 됐는데 책이 나오고 보니 디자인상의 실수가 있어서 전량 폐기 후 다시 찍게 됐다는 연락을 받아 종이를 수급하기 위해 산에 올라 나무를 베는 꿈이었다. 아직 '전량 폐기' 같은 무서운 일은 겪어본 적 없지만 자다가도 벌떡 일어나게 만드는 이 말은 꿈에서 깬 지 몇 시간이 지나도 등골을 오싹하게 만들었으며 산에 올라 직접 나무를 베는 일은 죄책감을 가중시켜 나를 울음이 터지기 직전의 상태로 만들었다. 이 악몽을 잊어버리기 위해 맛있는 점심을 먹어야겠다는 생각에 작업실 친구에게 오늘은 이른 점심을 먹자고 연락을 했고 친구는 흔쾌히 내 제안을 수락했다.

경복궁 뒤 작은 동네. 예전에는 서촌이라는 지명으로 부르지 않았다. 효자동이나 청운동, 옥인동처럼 정확한 명칭으로 불렀는데 북촌이 붐을 일으킨 뒤 서촌이라는 지명으로 그 일대를 뭉뚱그려 부르기 시작했다. 이곳은 한동안 그린벨트로 묶여 있었고, 청와대와 가까워 높은 건물은 들어설 수 없어 5층 이하의 낮은 건물들이 옹기종기 모여 있다. 또 주변으로는 청와대 소속 사복 경호원들이 불심검문을 했기 때문에 치안이 좋은 동네이기도 하다. 개발이 되지 않은, 그래서 상업 시설이 많지는 않지만 소상공인들의 땀이 느껴지는 동네다.

개발이 되지 않았다고 해서 낙후된 지역은 아니다. 진작에 고급 주택들이 들어선 곳으로 유흥 시설이 없고 학군도 좋아 살기 좋은 곳, 아이 키우기 좋기로 손에 꼽히는 곳이다. 밤이면 가로등의 주황색 불빛이 옹기종기 어둠을 밝히고, 미술관이나 동네책방이 곳곳에 숨어 있어서 좋아하는 사람과 함께 산책하고 싶어지는 그런 동네기도 하다.

경복궁역 3번 출구에서 버스를 타고 세검정 방향으로 가는 대로변, 경기상업고등학교와 경복고등학교로 갈라지는 삼거리에 아주 오랜 시간 자리하고 있는 '중국'이라는 이름의 중국집이 있다. 어느 날에는 버스를 타고 지나가다가 그 앞에만 유독 길게 늘어선 줄이 시선을 끌었다. 경복고등학교 출신인 친구의 말에 따르면 중국의 사장님이 경복고등학교를 졸업했기에 모교의 교복을 입고 가면 서비스를 더 주시거나 자장면을 곱빼기로 주신다는 이야기를 들려줬다. 자신이 졸업한 모교 앞에서 식당을 운영하는 마음은 정말 값지다. 주머니가 가벼운 학생들이 자신도 입었던 교복을 입고 식당 문을 열고 들어오면 다정한 마음이 생기지 않을 수 없을 것이다.

그런 따뜻한 식당의 존재를 알고 있었음에도 한 번도 가볼 수가 없었다. 중국은 오전 10시에 오픈을 하고 오후 1시에 문을 닫는다. 그마저도 재료가 빨리 소진되면 더 일찍 닫는 날도 있다. 때문에 중국에 방문하기란 여간 힘든 일이 아닐 수 없었다. 도대체 얼마나 자부심이 넘치면 하루 장사를 3시간만 하는 거지? 궁금증이 발동해 점심을 먹기에는 다소 이른 시간이었지만 11시에 방문을 했다.

문밖이 너무도 한산해서 벌써 재료가 소진된 건 아닐까 조마조마했는데 문을 열고 들어가 식사가 되는지 물으니 앉으라는 안내를 받았다. "의자가 흔들리니 조심하세요." 그러고 보니 등받이 없는 모서리가 닳은 의자가 조금 위태로워 보인다. 공간이 협소해서 최대한의 효율로 자리를 배치했음이 느껴졌다. 차가운 도기다시 바닥도 왠지 모르게 고등학교 교실을 떠올리게 해서 익숙하고 정감 있다. 내부 사진을 찍으려 하자 직원분이 "사진 찍으시면 안 되는데……" 하고 조심스레 말을 건네왔다. 화들짝 놀라서 죄송하다고 하자 손님들 얼굴이 나오면 안 된다는 말을 덧붙였다. 이 또한 손님을 위한 마음일 테지.

'중국'의 식기는 경쾌한 청색 무늬가 인쇄된 흰

백자 세트를 사용하는데 크기가 크지 않고 그 느낌이 식당 규모와 알맞았다. 과하지 않고 청결해 보기에도 좋고 음식이 더욱 돋보였다.

　탕수육은 처음에는 '부먹'처럼 보였지만 정확히 말하자면 '볶먹'이었다. 탕수육은 원래 볶아서 먹는 음식이고 그래서 소스가 흐르지 않고 튀김옷에 잘 입혀졌을 때 "진짜 탕수육이 나왔구나!" 외치게 된다. 소스에는 당근과 오이, 양파와 과일 통조림이 청·백·홍의 조화로운 색감을 이루고 있다. 튀김은 한 입에 쏙 들어가는 크기로 먹기에 편하다. 음식의 크기도 맛에 영향을 많이 끼치는데, 육즙이 맺히도록 넉넉한 크기로 조리해 앞니로 베어 물었을 때 그 육즙을 느끼게 하느냐, 아니면 작은 크기로 조리해 한입에 넣어 소스와 고기가 입안에서 조화롭게 어우러지도록 하느냐처럼 재료 손질의 디테일도 주방장의 의도에 달린 것이라고 생각하면 요리 또한 대단한 예술이다.

　자주 올 수 있는 집이 아니라는 생각에 친구와 나는 후회가 남지 않도록 세 가지 메뉴를 시켰다. 볶음밥은 고슬고슬한 쌀알이 한 톨 한 톨 살아 움직이는, 그야말로 잘 볶은 최고의 볶음밥이었다. 짬뽕 역시 더할 나위 없는 맛. 입가심으로 탕수육을 남김없이 먹었다.

식당을 나오면서 건물을 한 번 더 바라봤다. 유독 붉은 벽돌을 좋아하기에 단단하게 지은 '중국'의 건물이 아름답다고 생각했다. 정해진 시간을 철저하게 지키면서 일정한 수준의 맛을 유지해 오랫동안 이곳을 찾는 사람들 곁에 머무르는 식당의 철학이 건물에서도 읽히는 듯했다.

【 30 】
삶은 다채로운 것

서울시 용산구 한강대로 ◎ 명화원

 'Freelancer'의 뜻을 알기 위해서는 중세시대로 거슬러 올라가야 한다. 자유를 뜻하는 free와 창기병(창을 쓰는 병사)을 뜻하는 lancer를 조합한 이 단어는 특정 영주의 근속 신하가 아닌, 개인적으로 활동하며 그때그때 소속을 바꾸는 기사를 가리키는 말이라고 한다. 나는 개인 사업자를 등록해서 일하기 때문에 프리랜서라고 칭하기는 애매하지만 일하는 방식에는 차이가 없기 때문에 프리

랜서라고 불러도 무방하다. 게다가 나는 스스로를 대표라기보다 디자인이라는 무기를 다루는 병사라고 생각한다. 아니, 사실 '신하'에 가깝다. 낮은 자세로 일하고, 밤낮 없이 일하고, 쉬지 않고 일하고, 겨우 먹고 일하기 때문이다. 그런 날들의 연속이었다. 주말에도 일을 하기 때문에 작업실에 나와서 컴퓨터를 보다가 배가 고파 시계를 쳐다본 그런 날. 오늘은 혼자 밥을 먹고 싶지 않은데…… 어쩔까 고민하던 차에 병원에서 일하는 친구가 생각났다.

주말 근무를 끝낸 친구에게 '서울 3대 탕수육' 집에 가자고 메세지를 보냈더니 반응이 제법 좋았다. 웬만해서는 크게 반응하지 않는 친구인데 역시 '서울 3대'라는 수식어가 갖는 힘이 큰 모양이다. '서울 3대 짬뽕' '서울 3대 돈가스' '서울 3대 떡볶이'…… 그러고보니 이렇게 불리는 식당을 찾아간 적이 여러 번 있다. 굳이 발걸음하게 만드는 마법 같은 표현이다. '세계 7대 마라톤대회'나 '세계 3대 미술관'보다 더 현실감이 있다. 서울 시내에 중국집이 이렇게나 많은데 그중에 세 손가락

안에 들 정도로 맛있는 탕수육집이라니 베를린이나 뉴욕보다 가깝고 당장에 행복을 가져다주는 말이 아닐 수 없다.

1층 건물의 작은 중국집인 '명화원'은 삼각지역 사거리에 자리하고 있다. 초등학교 저학년, 부모님 차를 타고 자주 지나던 길인데 신호를 기다리느라 차가 서면 뒷자석 창밖에 줄지어 자리잡고 있는 표구집이 유독 많은 것에 대해 골똘히 생각했던 기억이 있다. 찾아보니 한국전쟁 이후 미군부대 옆으로 화랑이 들어서면서 표구집 또한 많이 생겼다고 한다. 명화원 옆으로도 이제는 얼마 남지 않은 표구집이 군데군데 남아 있다.

주말 오후 1시 45분. 앞에 3팀이 대기 중이다. 최근 유명세 덕분에 외지인들로 붐빌 줄 알았는데 편한 차림의 동네 주민들이 대다수였다. 삼각지 주변으로 식당과 카페가 많이 생겨서인지 외지인들은 그곳으로 흘러간 모양이다.

기다림은 길지 않았고 곧 식당 안으로 들어갔다. 동네 백반집 같은 분위기의 작고 오래된 인테리어. 마침 따스한 햇살이 들어와 벽에 진 그림자의 명도 차이가 도드라졌다. 덕분에 한쪽에 쌓아 놓은 그릇에도 햇빛이 닿아 사연이 있는 장면을 연출했다.

명화원의 탕수육은 소스를 부어 내는 방식이다. 튀김 겉면이 기름을 머금고 한입 베어 무는 순간 신맛과 단맛, 고기 육즙이 폭죽처럼 팡팡 터진다. 바삭하지만 가벼운 바삭함은 아니고, 그렇다고 묵직하지도 않다. 도톰한 찹쌀층 덕분에 바삭한 식감 뒤로 쫄깃한 탄력이 바로 찾아온다. 맞은편에 앉은 친구가 정말 맛있다며 선명하게 반응했다. 동행인의 이런 반응은 맛집 인도자인 나의 역할을 잘 해낸 데 대한 칭찬 같아 뿌듯하다. 마치 내가 음식을 만들기라도 한 것처럼.

여러 곳의 중국집을 방문해 단맛과 신맛을 내기 위해 사용하는 재료와 조리법을 지켜보면서 깨닫게 된 사실이 있다. 이 복잡한 맛은 단순히 설탕이나 식초만으로는 만들어지지 않는다는 것. 요리사의 고민과 시도, 노력이 결국 우리의 혀끝에 도달해 다채로운 풍미로 완성되는 것이다. 단맛이 꼭 설탕일 필요는 없고, 신맛이 꼭 식초에서만 오는 것이 아니듯 인생도 그렇다. 다양한 슬픔과 다양한 기쁨을 맛볼수록 우리는 더 풍요롭게 살아갈 수 있다.

먹는 속도가 빠른 나는 젓가락을 내려놓은 지 한참이 됐는데 친구는 여전히 맛을 천천히 음미하고 있다. 이런저런 생각을 하며 내 시선이 탕수육을 응시한 채 멈춰 있어서였을까. 친구가 장난처럼 선언했다.

"끝까지 다 먹을 거야."

나는 웃으며 말했다.

"응, 천천히 꼭 다 먹어."

탕수육을 먹으면서 인생까지 떠올리게 됐으니 역시 '서울 3대 탕수육'이라는 이름은 괜히 붙은 게 아니다.

어떤 탕수육
북디자이너의 마감식

ⓒ 김마리 2025

초판 1쇄 발행 2025년 9월 9일

지은이	김마리	펴낸이	김동연
편집	임수향	펴낸곳	뉘앙스
디자인	퍼머넌트 잉크	전화	02-455-8442
제작	크레인	팩스	02-6280-8441
		홈페이지	franz.kr
		인스타그램	nuance.books
		이메일	hello@franz.kr

ISBN 979-11-984917-9-4 03810

- 뉘앙스는 프란츠 출판사의 라이프스타일 브랜드입니다.
- 파본은 구입처에서 교환해 드립니다.
- 값은 뒤표지에 있습니다.
- 이 책 내용의 전부 또는 일부를 재사용하려면 반드시 저작권자와 출판사 양측의 동의를 받아야 합니다.

NUANCE